코로나 인문학

코로나 인문학

1판 1쇄 인쇄 2021. 1. 20.
1판 1쇄 발행 2021. 2. 1.

지은이 안치용

발행인 고세규
편집 이혜민 · 박민수 **디자인** 박주희 **마케팅** 이헌영 **홍보** 이한솔
발행처 김영사
등록 1979년 5월 17일(제406-2003-036호)
주소 경기도 파주시 문발로 197(문발동) 우편번호 10881
전화 마케팅부 031) 955-3100, 편집부 031) 955-3200 | **팩스** 031) 955-3111

값은 뒤표지에 있습니다.
ISBN 978-89-349-9157-1 03300

좋은 독자가 좋은 책을 만듭니다.
김영사는 독자 여러분의 의견에 항상 귀 기울이고 있습니다.

홈페이지 www.gimmyoung.com   **블로그** blog.naver.com/gybook
인스타그램 instagram.com/gimmyoung   **이메일** bestbook@gimmyoung.com

인간 욕망에서
사회 시스템까지

뉴노멀을 바라보는
인문학적 시선

안치용

코로나 인문학

#Critical_insight #Solidarity

#New_paradigm
#Human
#Sustainability
#Fundamental_
reflection

#Blockade
#Virus
#Hatred

#PostCOVID19 #Pandemic

김영사

팬데믹을 극복하기 위한 인문학적 노력

1년 전을 돌아보니 그때 세상은 지금과 너무 달랐다. 코로나바이러스가 이미 활동하고 있었지만 중국 우한武漢 등 일부 지역에서 유행하는 괴질 정도로 받아들였지, 세상을 이처럼 바꿔놓을 줄 전혀 예상하지 못했다. 코로나19, 팬데믹, 봉쇄, 사회적 거리두기, 비대면 같은 말이 일상어가 될 줄을 누가 짐작할 수 있었을까.

2019~2021년에 코로나바이러스는 인류 문명에 치명적 일격을 가해 미증유의 변화를 일으켰고 일으키는 중이다. 그 변화는, 코로나 시대가 지나가고 난 뒤에 마치 코로나 시대가 없었던 듯 그전으로 돌아갈 수 있는 수준의 변화가 아니다. 러시아혁명, 1차 세계대전 등과 함께 현대사의 확고한 변곡점을 만들어낸, 즉 불가역적 변화를 만들어낸 세계사적 사건이다. 코로나19 이후에도 쭉 이어질 변화여서 현생 인류는 이제 포스트 코로나 시대를 살게 되었다고 단언할 수 있다.

포스트 코로나 시대는 기후 위기 및 4차 산업혁명과 함께 도래하고 있어, 그 자체로도 엄청난 코로나19 파괴력이 어느 수준으로 증폭될지 예상하기 힘들다. 분명한 사실은 근대의 질주가 좌초하고 근대성의 패러다임이 더는 적용되지 않는 새로운 시대가 열린다는 것이다. 모더니즘과 포스트모더니즘 식의 한가한 기존 논의 틀로는 해명되지 않을 미래가, 공포 영화의 괴물처럼 상상하지 못할 빠른 속도로 우리에게 덤벼들고 있다는 뜻이어서, 인류는 수사修辭가 아니라 정말로 진화의 최종 단계에 접어들게 된다. 최종 단계의 '최종'이 시사하듯 인류는 근대를 넘어서는 획기적인 비약을 이루거나 아니면 근대 이전으로 추락할 것이며 극단적으로는 문명 종언의 길에 접어들 개연성을 배제하지 못한다. 어쩌면 모든 게 뒤섞여 나타날 수도 있다.

좋은 변화를 만들어내야 한다는 의지 말고는 나머지 모든 것이 좋은 변화에 적대적이다. 좋은 변화를 만들어야 한다는 의지가 있는지도 확실하지 않다. 따라서 당장은 좋은 변화의 의지를 확인하고 다지는 일이 급선무이고, 의지의 연대, 글로벌하고 문명사적이며 세계시민적인 연대를 구축하는 데 진력해야 하지 않나 싶다.

그러려면 코로나19 사태의 원인과 현상을 다양하고 종합적인 관점에서 살펴보고 분석하여 미증유의 코로나 시대를 총체성의 관점에서 이해하는 사전 작업이 필요하다. 이 이해에 근거하여 모색될 포스트 코로나 시대의 전망과 대안은 '인문학'적 노력을 통해서만 가능하다. 코로나 시대를 거치며 새삼 확인되었듯 비록 '타인이 지옥'일지 모르지만, 인간은 '타자를 위한 존재'로서 인간이라고 믿어야 하기 때문이다. 또한 코로나19가 단순한 감염병이 아니라 세계사적인 사건이자 세계시민적 사건이기 때문이다.

이 책은 코로나19 전사前史를 개관한 뒤 포스트 코로나 시대의 단초를 찾아내며 코로나 시대를 총체적이고 입체적으로 그려내려고 하였다. 그러나 분석은 분석이고 이야기는 이야기다. 인간이 이해하는 생명체로 진화했음을 부인할 수 없지만 이해만으로는 인간 존재를 해명하지 못한다. 인간은 주로 이해하지만, 때로 직관함으로써 자신의 존재를 결정적으로 수호했다. 또는 희망이라는 가장 큰 실천을 통해서 존재를 입증했다. 코로나19의 기나긴 터널에서 인간으로 들어가 인간으로 나올 수 있으려면 결국 직관과 희망을 부둥켜안은 채 돌파하는 수밖에 없다. 그리하여, 우리에겐 다시 인문학이 절실하다.

1982년에 노벨문학상을 수상한 남미의 대표작가 가브리엘 가르시아 마르케스Gabriel García Márquez(1927~2014)는《콜레라 시대의 사랑El Amor En Los Tiempos Del Colera》에서 용감한 사랑을 보면 한계가 없는 것은 죽음이 아니라 삶일지도 모른다는 말로 소설의 대미를 장식한다. 직관과 희망을 사랑으로 대치하여도 크게 이상이 없어 보이는데 그것은 이 소설의 전언이기도 하여, 존재의 최종 심급이 삶이라는 자명한 진실을 독자와 함께 확인하고 싶다.

분명한 사실은 인류가 미증유의 공통 경험을 쌓고 있다는 것이다. 단지 몇 개월의 팬데믹만으로도 근대사회가 수백 년에 걸쳐 축적한 많은 것이 한순간에 무위로 돌아가는 듯한, 하트섬 사례에서 보듯 관점에 따라 '중세 회귀'라 불릴 법한 경악스러운 경험을 하게 됐으니 말이다.

1부

코로나 이전

세계를 바꾼 전염병

2020년 4월 초 미국의 코로나19 누적 사망자 수가 이탈리아를 제치고 세계 1위를 기록할 무렵, 미국 언론은 '하트섬Hart Island'이라 불리는 뉴욕주의 외딴섬에 주목했다.

4월 9일 AP는 뉴욕주의 코로나19 사망자가 7,000명을 넘어서면서 영안실 냉동저장시설 수용 능력이 한계에 부딪히자 뉴욕시가 코로나19 사망자를 외딴섬에 임시로 집단 매장하고 있다고 보도했는데, 이 섬이 바로 하트섬이다. AP는 뉴욕주 브롱크스 인근 해역에 위치한 하트섬에서 인부들이 시신이 든 나무 관을 땅에 파묻는 모습을 포착해 보도했다. 관 속에 든 시신은 코로나19 사망자였고, 인부들은 포클레인으로 땅을 참호처럼 깊게 파서 벽돌을 쌓듯 관을 쌓은 뒤 흙으로 덮었다.

40만 9,000제곱미터 넓이의 하트섬은 코로나19 사태 전까지는 뉴욕주의 뉴욕시 내에서 숨진 노숙자나 무연고자 등의 공동묘지로 사용됐다. 그러다 코로나19 사망자가 급증하자 뉴욕시는 하트섬을 사망자의 임시 매장지로 활용하기로 했다. "냉동저장시설을 더 이상 사용할 수 없는 상황이 발생하면 시신을 하트섬에 임시로 매장할 수 있다"는 뉴욕시의 '유행성 독감 관련 매뉴얼'에 따른 것이다. 매뉴얼, 포클레인, 냉동저장시설 같은 단어를 제쳐놓고 하트섬을 상상하자 곧바로 나는 중세 유럽의 풍경이 하트섬과 겹쳐지는 것을 느꼈다.

한국은 코로나바이러스의 영향을 중국으로부터 가장 먼저 받은 지역에 속한다. 코로나19가 세계적 유행병, 즉 팬데믹pandemic이 되면서 프랑스·이탈리아·스페인 등 유럽과 미국, 인도, 브라질 등이 한국보다 훨씬 더 큰 피해를 보았다. 코로나19와의 싸움에서 어느 나라가 가장 선전했는지는 단기간에 판가름 나지 않으며, 그걸 따지는 건 인류 전체로 보면 무익한 논쟁이다. 방역은 올림픽 경기가 아니다.

분명한 사실은 인류가 미증유의 공통 경험을 쌓고 있다는 것이다. 단지 몇 개월의 팬데믹만으로도 근대사회가 수백 년에 걸쳐 축적한 많은 것이 한순간에 무위로 돌아가는 듯한, 하트섬 사례에서 보듯 관점에 따라 '중세 회귀'라 불릴 법한 경악스러운 경험을 하게 됐으니 말이다. 앙겔라 메르켈Angela Merkel 독일 총리가 코로나19 국면을 2차 세계대전 이후 최악의 위기로 규정하며 다음과 같이 말한 것은 결코 과장된 수사가 아니다. "이 상황을 심각하고, 또 심각하게 받아들여야 한다. (독일의) 통일 이후, 아니 2차 세계대전 이후, 우리의 공동 연대가 이토록 필요했던 적은 없었다."

위기는 보건과 안전 분야에 국한되지 않았다. 전염병에서 시작한 위기는, 마치 코로나바이러스가 퍼져나가듯 모든 분야에서 세계 전역으로 삽시간에 확산됐다. 위기의 실상을 보여준 사례는 수없이 많지만, 1980년대 이후 고속성장 가도를 달리던 중국이 40년 만에 처음으로 2020년 1분기 마이너스 성장률을 기록한 사건은 상징적이다. 국제노동기구ILO는 그즈음 전 세계 노동자 열 명 가운데 여덟 명이 일자리를 위협받고 있다고 경고했다. 전염병뿐 아니라 고용·성장 등의 위기를 어떻게 극복할지를 두고 세계 각국이 각자도생의 사투에 돌입했다.

위기는 전에 보지 못한 새로운 풍경을 만들어냈다. 각급학교의 '온라인 개학'이라는 사상 초유의 사태가 대표적이다. 한국이 온라인으로 개학할 무렵 세계 165개국에서 학교에 휴교령이 떨어졌고, 그 무렵 전 세계 학생의 90퍼센트에 육박하는 15억 명이 학교에 가지 못하고 있었다. 빛의 속도로 돌아가던 세계가 갑자기 정지한 듯했다. 코로나19 창궐과 함께 공장 가동이 중단돼 대기의 질이 좋아짐에 따라 펀자브를 포함한 인도 북부에서 육안으로 히말라야 준봉을 볼 수 있게 되었다는 뉴스가 전해졌다. 약 30년 만의 일이었다. 펀자브 주민들이 히말라야를 직접 바라보며 경탄하는 사이에, 보도사진을 보며 잠시 함께 경탄하던 세계인들은 곧바로 멈춰 선 세계를 걱정하고 그 파장을 분석하면서, 세계가 언제쯤 다시 돌아가기 시작할지, 앞으로 어떤 세계가 펼쳐질지 궁금해했다. 코로나19가 현대 세계의 변곡점이 될 것이라는 데 이견은 없어 보였다.

흑사병 없이는 '로미오와 줄리엣'도 없었다

셰익스피어 William Shakespeare의 비극《로미오와 줄리엣 Romeo and Juliet》은 셰익스피어의 작품 가운데 대중적으로 가장 사랑받은 작품으로 거론된다. 셰익스피어가 그린 로미오와 줄리엣의 사랑은 인류 최고의 비련으로 꼽힌다. 죽음으로 끝나는 두 사람의 이루지 못한 사랑의 원인을 '오해'라는 한 단어로 뭉뚱그려 표현할 수 있겠지만, 이 오해를 유발한 시대적 배경에 흑사병黑死病이 있었음은 널리 알려져 있지 않다.

중세에 런던을 포함해 유럽은 여러 차례 흑사병을 겪었고, 셰익스피어가《로미오와 줄리엣》을 썼다고 추정되는 1590년 대 무렵에도 전염병은 일상의 위협이었다. 알다시피 이 비극에서 로렌스 수사는 원수 사이인 캐풀렛과 몬터규 가문의 두 자녀가 사랑을 이룰 수 있도록 특별한 계획을 세운다. 줄리엣에게 묘약을 주어 잠시 죽은 상태로 만드는 게 계획의 핵심이었다. 그러려면 줄리엣은 자신이 진짜 죽는 게 아니라 다시 깨어날 것이라고 확신해야 하며, 무엇보다 로미오가 줄리엣의 죽음이 사실이 아님을 사전에 알아야 한다. 로렌스 수사는 이런 내용을 편지에 써서 다른 수사를 통해 로미오에게 미리 전달할 요량이다. 그러나 불행히도 편지는 전달되지 않고, 이 희곡은 청춘남녀의 (결과로 판단할 때) 동반자살이란 비극으로 귀결한다. 셰익스피어가《로미오와 줄리엣》에서 비극의 계기를 어떻게 만들어냈는지를 파악하기 위해 희곡의 5막 2장을 살펴보자.

<u>로렌스 수사</u> 목소리로 보건대 존 수사가 틀림없다. 만투아에서 어서 오게! 로미오가 뭐라던가? 만약 뜻을 적었으면 편지를 이리 주게.

<u>존 수사</u> 여기 이 도시에서 병자들을 돌보는 교단의 형제들 가운데 저와 함께 맨발로 동행을 할 수 있는 수사를 찾다가 한 사람을 찾았는데, 도시 검역관들이 우리 둘 모두가 **역병**이 실제로 창궐했던 집 안에 있었다고 의심을 하고서는 문을 꽉 봉한 다음 못 나가게 했습니다. 그래서 제 만투아 급행은 거기서 멈췄어요.

<u>로렌스 수사</u> 그럼 누가 내 편지를 로미오에게 전했나?

<u>존 수사</u> 보내지 못했고―다시 여기 있습니다―수사님께 돌려보낼 전령도 못 구했죠. 그들은 역병을 너무나 두려워했답니다.

<u>로렌스 수사</u> 불운한 일이다! 내 교단에 맹세코 이 편지는 하찮은 게 아니라 막중하고 중요한 내용인데, 소홀히 할 경우 위험이 클 것이야.

– 윌리엄 셰익스피어, 《로미오와 줄리엣》 5막 2장에서

이 역병이 곧 흑사병이다. 따라서 흑사병 없이는 로미오와 줄리엣의 러브 스토리가 완성되지 않았을 것이란 가정이, 따지고 들면 틀린 말은 아니다. 그만큼 당시엔 흑사병이 만연했으며, 흑사병으로 말미암은 인간 삶의 굴곡이 다반사였음은

물론이고 후대의 평가에 기대면 흑사병이 시대의 거대한 전환을 야기했다는 사실 또한 틀림없다. 흑사병이 없었어도 로미오와 줄리엣은 존재했을 것이고 두 사람은 사랑했을 테지만, 만일 흑사병이 없었다면 '오해'에 기인한 두 남녀의 동반자살은 없었을 것이다. (물론 흑사병이 없었다 해도 셰익스피어가《로미오와 줄리엣》의 비극적 결말을 만들어내고자 다른 오해의 계기를 창안했을 것이라고는 충분히 상상해볼 수 있다.)

두 주인공의 비극을 구현하기 위한 보조 수단으로 사용된 흑사병 일화는, 당시 나름의 전염병 '검역'체계가 작동했으며 '격리'라는 개념이 존재해 제도로서 생각보다 강력하게 시행되었음을 엿보게 한다. 흑사병은《로미오와 줄리엣》의 줄거리에 이처럼 영향을 끼침으로써 불후의 문학작품을 살짝 '감염'시켜 비극으로 완성하는 의외의 기능을 수행했지만, 근본적으로는 많은 역사학자가 동의하듯 중세 유럽 사회를 완벽하게 바꿔버리고 말았다. 당연히 의도한 바는 아니었으나 결과적으로 흑사병은 근대로 가는 길을 열었다.

로마 황제도 피해 갈 수 없었던 대역병

흑사병이 영국의 셰익스피어와 그의 작품《로미오와 줄리엣》에 소소하고 제한적인 영향을 미쳤다면, 이탈리아의 조반니 보카치오Giovanni Boccaccio에게는 직접적이고 전면적인 영향을 미쳐 《데카메론Decameron》에 강력한 흔적을 남겼다. 보카치오(1313~1375)는 셰익스피어(1564~1616)보다 선대의 인물이다. 보카치오의 시대는 유럽에서 흑사병의 극성기였고, 1350년경 쓰인 《데카메론》에는 당대의 극심한 공포가 녹아들어가 있다.

단테의 《신곡神曲》과 비교해 '인곡人曲'이라 불리는 《데카메론》은 '열흘간의 이야기'란 뜻으로, 흑사병을 피해 시골의 한적한 별장에 몸을 숨긴 신사 세 명과 숙녀 일곱 명이 열흘에 걸쳐 차례로 이야기를 들려주는 형식의 작품이다. '10(사람 수)×10(일수)'을 해서 《데카메론》에는 모두 100편의 이야기가 수록된다.

《로미오와 줄리엣》《데카메론》 등을 통해 문학사에서 가끔 특별한 존재감을 드러낸 흑사병은 일반적으로 사람들이 '유럽의 흑사병'이라고 말하는 그 흑사병으로, 14세기 중반에 유행하기 시작해 대략 유럽 인구의 3분의 1을 앗아간 것으로 추정된다. 14세기 중반 유럽 흑사병의 진원지로는 흑해 크림 반도 동쪽의 항구 카파(오늘날 페오도시야)가 거론된다. 당시 제노바의 식민지였던 카파는, 인접한 킵차크 칸국의 군대에 포위당해 공격을 받고 있었다. 그러다 공성 중인 군대 내에 역병이 돌자 킵차크 칸국의 군주 자니베크 칸은 퇴각을 결정했다. 이 역병이 흑사병이다. 킵차크 칸국은 투석기를 이용해, 역병으로 죽은 자국 병사들의 시신을 카파를 둘러싼 성벽 안으

로 쏘아 보내고는 퇴각했다. 이후 카파를 탈출한 이탈리아 상
인들이 유럽에 도착하면서 흑사병이 퍼졌다는 것이 가장 널리
알려진 흑사병의 유럽 전파 경로다. 킵차크 칸국의 군대가 지
금 개념으로 생물학전을 감행한 셈인데, '전과'가 그렇게 엄청
날 줄을 자니베크 칸은 상상하지 못했을 것이다. 이런 확실하
고 극적인 설명과 함께 십자군 전쟁 시기에 동방 원정에 나선
유럽 십자군 병사들이 귀향하며 한센병(나병)과 흑사병을 유
럽 각지에 퍼뜨렸다는, 시간과 공간이 명확하게 특정되지 않
은 설명도 있다.

　여기서 중세 흑사병에 관해 널리 퍼진 잘못된 상식을 바로
잡고 넘어가도록 하자. 우리에게 유럽의 흑사병 대유행으로
알려진 14세기 중반의 사건은 사실 당시 유럽에만 국한된 대
유행이 아니었고, 시기적으로 흑사병 대유행의 유일한 사례도
아니었다. 흑사병(으로 추정되는 감염병)의 세계적인 대유행, 즉
'흑사병 팬데믹'은 대체로 세 차례 발생한 것으로 알려져 있
다. 14세기 중반에 유럽을 포함해 전 세계에서 창궐한 흑사병
팬데믹은 2차 대역병 혹은 2차 흑사병 대유행이다.

　'유스티니아누스 역병'이라고도 불리는 1차 대역병은 6세
기 중엽 발발하여 긴 시간 중동과 동로마제국을 중심으로 위
세를 떨쳤다. 1차 대역병 이전에도 펠로폰네소스 전쟁의 판도
를 바꾼 '아테네 역병'(기원전 429, 기원전 427~기원전 426) 등 전
염병의 대유행 기록이 남아 있지만 인류 역사에서 흑사병만큼
강력한 팬데믹은 찾아보기 힘들다. 3차 대역병은 1850년대에

발발하여 중국 윈난성을 비롯한 아시아와 남미를 괴롭혔다.

1차 대역병은 541년경 발생하여 200년가량 지속했다. 전해지기로는 이집트에서 먼저 흑사병 발발이 관찰되었고, 이어 이집트의 항구를 출발한 곡물선이 콘스탄티노플(오늘날 이스탄불)에 도착해 곡물과 함께 흑사병 균을 내려놓으면서 동로마제국에 재앙이 시작되었다. 1차 대역병 시기에 약 1억 명이 흑사병으로 사망했다고 추정된다.

당시 가장 번성하고 가장 문명화한 지역이었던 콘스탄티노플과 동로마제국은 전염병이 창궐하기에 최적지였다. 치명적인 피해는 황제에게까지 미쳤다. '대제大帝'라 불리는, 동로마제국 역대 황제 중 최대 영토를 통치한 유스티니아누스 1세는 이 역병에 걸려 사경을 헤매다 살아났다. 황제는 목숨을 건졌으나 모두가 황제처럼 운이 좋을 수 없어서 콘스탄티노플에서는 매일 수많은 사람이 죽어나갔고, 도시 인구는 원래의 절반 아래로 감소했다고 전해진다. 동로마제국 역사를 새로 쓰고 제국 역사의 정점을 찍은 이 유능한 황제조차 훗날 자신의 이름까지 가져다 쓴 감염병의 저주로부터는 벗어나지 못한 것이다. 심각한 피해를 입은 동로마제국은 이후 후유증에 시달렸다.

만일 1차 대역병이 없었다면 세계사가 다르게 쓰였으리라는 데 많은 이가 동의한다. 이 역병만 없었다면 동로마제국이 다시 이탈리아반도를 장악했을 것이고, 그랬다면 유럽의 판도가 달라지면서 동서로 나뉜 기독교의 역사 또한 달라졌을지 모른다. 동로마제국은 고트전쟁(535~554)을 통해 이탈리아와 발칸반도 일부에 걸친 동고트왕국을 멸망시키고 고토故土 이탈리아를 재정복하는 데 성공했다. 그러나 흑사병으로 입은 심각한 피해를 복구하지 못한 까닭에 동고트족에게서 빼앗은 영토를 지켜내지 못하고 곧 이민족에게 이탈리아 대부분을 잃고 만다.

2차 대역병, 즉 14세기 흑사병의 대유행은 물론, 21세기 초반 코로나19 팬데믹 국면에서도 인류는 '어느 시점에 어느 지역에서 이 병이 왜 발원했는지'를 알지 못했다. 그나마 대유행의 윤곽이나마 파악한 현대인과 달리 중세인은 완벽한 무지 상태로 전염병에 노출됐다.

1676년 네덜란드의 안톤 판 레이우엔훅Anton van Leeuwen-hoek(1632~1723)이 현미경을 고안한 이후에야 세균의 발견이 가능했음을 떠올려보면, 흑사병에 관한 14세기 중세인의 총체적 무지는 불가피했다. 무지에 근거한 당시의 의료체계 또한 흑사병 확산을 거들었다. 역병을 미생물이 전파한다는 사실을 알 길이 없는 의사들이 감염된 환자의 피를 묻힌 채 다른 환자를 진료하는 등, 지금의 의학 지식에 위배되는 의료행위가 적지 않았다. 더불어 신앙의 힘으로 병을 물리치려는 시도가 집요하게 반복되었다.

그러나 어떤 의사들은 경험과 추론에 의지하여 접촉과 매개를 줄이려고 노력했다. 그들은 환자를 격리하고 환자가 사용한 물건을 태워 없애는 식으로 기본적인 방역 조치를 시행했다. 도시 차원에서 당시로선 매우 선진적인 검역체계를 도입한 곳도 있었다. 흑사병이 여전히 기승을 부리던 1377년, 베네치아의 지배를 받던 라구사공화국(오늘날 크로아티아의 달마티아 지역으로, 공화국의 수도 라구사는 두브로니크에 해당한다)에서 최초로 추정되는 검역 조례를 제정했다. 이에 따라 흑사병이 유행한 지역에서 라구사로 오는 모든 사람은 감염 여부를 확인하기 위해 섬에 30일이나 격리되어야 했다. 이 격리 제도는 제노바·밀라노 등에서도 채택되었고, 마르세유로 가서는 격리 기간이 40일로 늘어났다. '검역'을 뜻하는 '쿼런틴quarantine'이란 말이 '40'을 뜻하는 이탈리아어 '콰란타quaranta'에서 유래한 사실은 이런 역사적 배경을 갖는다.

라구사공화국에서는 그 무렵 전염병 격리병원 '라자레토lazaretto'(이탈리아어 'lazzaretto')를 최초로 설립하여 운영했다. 이탈리아 도시국가 베네치아도 1403년 베네치아와 베네치아 동쪽에 인접한 리도섬 사이의 작은 섬에 격리병원을 세웠다. 그 섬의 현재 이름은 '라차레토 베키오Lazzaretto Vecchio'다. 중세에 '격리'는 가장 강력하고 또 사실상 유일한 방역 조치로서, 감염병으로부터 사람을 구해내는 데 어느 정도 기여했다. 이런 경험은 후대로 이어져 코로나바이러스와의 싸움에도 기본 구도가 되었다.

역사의 변곡점이 된 흑사병

1348년 10월, 파리대학 의학부는 흑사병의 원인을 연구하여 발표했다. 지구 대기의 치명적인 오염이 흑사병의 원인이며, 이 '오염'은 1345년 3월 화성·목성·토성이 일렬로 늘어선 까닭에 발생했다는 게 그 내용이었다. 지금의 우리가 보기엔 황당하기 그지없는 주장이지만, 당시엔 권위 있는 해석으로 받아들여졌을 것이다. 사정이 이렇다 보니 흑사병에서 살아남고 말고는 운에 달린 일이 될 수밖에 없었다. 결과를 보면 너무 많은 사람이 악운을 모면하지 못했으나 장기적으로는 전화위복을 맞이한 이들도 있었다.

네스토리우스파는 초기 기독교 역사에서 반드시 언급되는 기독교 소수 종파다. 이들은 교리 논쟁에서 패배하고 이른바 정통파로부터 파문당한 뒤 박해를 피해 동쪽으로 이주하여, 14세기 무렵에는 중앙아시아-몽골 지역에서 자신들만의 공동체를 이루어 결속력을 다지며 살았다. 그런데 이 네스토리우스파가 거주하던 동서 교역로 일대에 흑사병이 기승을 부리면서, 교도들은 집단생활 탓에 궤멸적 피해를 보았다.

이러한 양상은 중세 유럽 수도원에서도 목격됐다. 수도원은 중세 유럽의 흑사병 대유행기에 가장 많은 사망자가 나온 곳 가운데 하나였다. 코로나19가 한국에서 신천지를 중심으로 퍼져나간 일이나 집단요양시설에서 사망자가 대거 발생한 일 등과 같은 이유에서였다. 흑사병을 하느님이 인간에게 내리는 징벌로 간주한 중세 유럽인들은 교회나 수도원에 모여 열심히 기도하며 신의 자비를 구했다.

신 말고는 세상의 궁극적 이치를 설명할 대안을 갖지 못한 사회에서 흑사병 창궐과 인간의 고통, 그리고 신을 가장 가까이서 섬기는 성직자들의 집중적 사망은 결국 중세에 심각한 균열을 만들었다. 흑사병이 곧바로 중세를 종식한 것은 아니지만 치명적 일격이었음은 분명하다. 당장은 거대한 변화보다 대증요법에 가까운 미시적 변화가 나타났다. 흑사병으로 많은 사제를 잃은 시절, 피해가 심한 교구는 기존에 본당 신부 등에게만 부여했던 고해성사 같은 권한을 모든 신부에게로 확대했다.

한편 성직자가 급감하면서 성직자로 가는 문턱이 점점 낮아져, 과거에 비해 상대적으로 함량 미달인 성직자가 배출되는 결과로 이어졌다. 끔찍한 시대 상황과 맞물려, 미신과 이단에 쉽게 흔들리거나 정통 교리로부터 이탈하는 성직자가 늘어난 것도 당연했다. 교회 안팎에서 몰락의 조짐이 점차 확연해졌다. 결국 1517년 마르틴 루터Martin Luther는 '95개조 반박문'을 제시하며 종교개혁의 깃발을 들었다. 종교개혁과 근대로 가는 길목에서 흑사병이 중요한 이정표가 된 것이다.

중세 세계는 완전히 멈춰 섰다. 사실상 '비접촉Un-tact'이 흑사병에서 살아남을 유일한 방도임을 사람들이 알게 되면서, 사회붕괴나 다름없는 중세판 '사회적 거리두기'는 종종 폭력적이고 야만적인 방식을 취했다. 유대교나 기독교에 존재한, 질병을 죄의 징표로 받아들이는 경향은 당시 감염자에 대한 무자비한 조처를 정당화하는 데 일조했을 것이다. 사람들은 감염자가 발생한 집 문을 밖에서 걸어 잠그고 불을 질러 비감염자까지 한꺼번에 태워 죽이는 만행을 저질렀다. 당시의 문명 수준을 감안해 사태의 절실함을 떠올리면 야만적인 행위라고 무작정 비난하기는 어려워 보인다.

2차 대역병 당시의 세계는 몽골제국의 지배 아래 놓여 있었다. 유럽에 흑사병이 유행하기 시작한 시점이 몽골제국의 전성기인 것은 우연이 아니다. 금 양동이를 진 여인이 몽골제국의 어떤 길을 걸어도 도적으로부터 안전했다는 믿지 못할 이야기가 전해질 정도로 몽골이 만든 제국은 강력하고 대단했다. 몽골제국의 지배 아래 안전해진 동서 교역로를 통해 무역량은 폭발적으로 증가했다. 그런데 그뿐이 아니었다. 흑사병 또한 대규모로 신속하게 세계 전역으로 전파된 것이다. 앞서 살펴본 네스토리우스파만 해도 동서 교역로 일대에 모여 살다가 사실상 멸절했다. 결과론으로 해석해 몽골제국이 흑사병의 세계적 유행을 초래했다고 한다면, 비록 직접적 인과는 알 수 없다 해도 몽골제국 또한 흑사병의 창궐과 함께 시기적으로 쇠퇴의 길에 접어든 것이 사실이다.

흑사병이 역사의 분명한 변곡점이 된 많은 사례 가운데, 유럽 밖에서는 아마 이집트를 그 전형적인 예로 꼽을 수 있을 것이다. 지중해 무역의 주요 거점이자 동서양의 연결 지점인 이집트는, 이러한 지리적 이점으로 크게 번영했지만 전염병이 확산하는 국면에서는 오히려 더 큰 위험에 노출됐다. 인적·물적 교류가 많다는 것은 전염병의 감염과 전파에 유리한 환경이라는 뜻이다.

고대사에서 중동의 전통적 강국인 이집트는 한때 알렉산드로스 대왕, 로마제국, 이슬람제국 등의 지배를 받았지만, 2차 대역병이 임박한 시기에는 십자군과 몽골을 막아내며 중동에서 독자적인 강국의 지위를 유지했다. 당시 이집트엔 맘루크 왕조가 들어서 있었는데, 이 맘루크 왕조는 국제적인 인적 교류의 산물이었다.

'백인 노예'를 뜻하는 맘루크Mamluk는 이집트 등 이슬람 여러 나라에서 군인으로 교육받고 성장했다. 맘루크를 조달한 지역은 흑해 연안이나 캅카스 등지로, 어릴 때 노예 상인에게 팔린 맘루크들은 중동 각지로 되팔려 이슬람 제국諸國 곳곳에서 전사가 되었다. 이들이 군인으로 육성된 이유는 팔려 간 이슬람 지역 내에 특정한 연고가 없다 보니 주인에게 절대 충성하는 것 외에는 생존할 방도가 없었기 때문이다. 권력자들은 자신에게만 충성하는 맘루크 군대를 신임하고 선호했다. 이런 배경에서 맘루크는 이슬람 각지에 보급되었고, 시간이 지나며 그 수가 늘어나 점차 이슬람 여러 나라 군부의 실세로 성장하다가 1250년 이집트에서 정권을 잡았다. 아이유브 왕조를 무너뜨리고 권력을 거머쥔 맘루크 왕조는 정권을 잡은 이후에도 흑해에서 계속해서 맘루크를 들여왔다.

전사국가 맘루크 왕국은 14세기 중반 흑사병으로부터 치명적 일격을 당한다. 흑사병이 극성기일 때 카이로에서 하루 2만 명이 죽어나간 것으로 전해지니 그 참상을 능히 짐작할 수 있다. 유럽과 인도양을 잇는 중계무역으로 눈부신 번영을 누린 맘루크 왕조의 전성기는 불운하게도 2차 대역병이 발생하기 직전이었다. 카이로 인구는 당시 약 50만 명으로 지금의 뉴욕에 비견된다. 물론 맘루크 왕조가 흑사병만으로 몰락한 것은 아니다. 1488년 바르톨로메우 디아스Bartolomeu Dias의 '희망봉 발견'으로 상징되는 새로운 무역로 출현, 오스만제국이라는 새로운 지역 패권의 등장 등 여러 요인이 복합적으로 작용했다. 그럼에도 흑사병으로 이집트 내부 역량이 심각하게 손실된 점이 가장 주효한 원인이었다는 분석이 아마도 설득력이 있을 듯싶다.

이집트 인구의 3분의 1가량이 사망한 것으로 알려진 1340년대의 최초 대유행 이후 간헐적으로 발생한 흑사병 때문에 지속적으로 인구가 감소한 이집트는, 1798년 나폴레옹의 침공을 받았을 때 그 인구가 맘루크 왕조 전성기의 절반에 못 미쳤다. 노동력 감소로 농업이 쇠퇴하고 지리적 이점을 이용한 상업까지 파탄하면서 고대 인류 문명의 강자 이집트의 몰락은 돌이킬 수 없었고, 회복 불가능했다.

흑사병이 자본주의를 열었다?

1517년 오스만제국에 정복당한 맘루크 왕조의 이집트는 오스만의 속주가 되었고, 맘루크 또한 오스만의 통치를 받아들여 오스만에 충성하는 이집트 지배자로 계속 군림했다. 맘루크 정권 자체는 오랫동안 생존했지만 맘루크 치하의 이집트는 14세기 중엽 흑사병 대유행 시점의 전성기에 급전직하를 맞이하여 그 후로 시름시름 쇠퇴의 길을 걸었다. 전문적이고 체계적인 연구가 필요한 사안이므로 섣불리 결론을 내리긴 어렵지만, 이집트와 유럽이 흑사병 이후 같은 원인으로 다른 결론을 끌어냈다는 사실은 흥미롭다.

대대적인 인구 감소, 농업과 상업의 동시 붕괴로 이집트 경제가 충분한 부를 산출하지 못하는 상황이었으나, 그럼에도 종전대로 전비戰費와 왕실 경비를 충당해야 했던 맘루크 왕조는 부족분을 채우기 위해 더욱 가혹하게 민중을 착취했다. 파이의 절대적인 크기가 줄어들면서 맘루크 왕조로서는 파이를 다 가져가도 과거에 비해 부족한 셈이었으니 더 착취하려 들었고, 맘루크 왕조의 착취로 산업과 민중은 흑사병 충격에서 벗어나 재생의 길에 접어들 최소한의 잉여를 확보하지 못하는 악순환이 계속되었다는 분석이 있다. (뒤에서 살펴볼 '맬서스 트랩'을 생각나게 하는 대목이다.) 여기에 방대한 규모의 자산이 '와크프Waqf'에 소속되어 비효율적으로 운영되었다. 와크프는 공공적 성격의 종교재단으로, 그 운영은 이슬람 율법 학자들이 맡았다. 공공성은 강하지만 효율성이 떨어지고 부패 소지가 강한 와크프의 존재는 장기적으로 이집트 경제의 잠재력을 더 떨어뜨리게 된다. 그런 가운데 설상가상으로 새로운 인도

항로가 발견되고 확대되자 이집트는 인도양과 지중해를 잇는 중계무역의 이점까지 상당 부분 잃어버리고 만다.

반면 유럽에서는 흑사병이라는 대사건 이후 르네상스와 종교개혁, 자본주의로 가는 새로운 길이 서서히 열렸다. 유럽과 '또 다른 유럽'인 미국은 근대에 접어들며 강대국이 되어 다른 지역을 압도하는 세계사적인 반전을 일으킨다. 흑사병이 직접적인 원인이었다면 과장이겠지만, 흑사병이 중요한 원인 혹은 하나의 계기였다고 말한다면 틀린 말은 아니다. 유럽의 근대화에 흑사병이 끼친 영향은 지금도 중요한 연구 과제다. 유럽에서는 흑사병 때문에 인구가 너무 줄어든 탓에 유행이 잦아든 후 유산을 다중으로 상속받은 부유한 사람이 늘어나고, 인구의 급격한 감소로 노동력 공급이 크게 줄어든 탓에 노동자의 임금이 많이 상승하는 등 경제적 영향이 있었다는 것이 학계의 공통적인 의견이다.

흑사병이 소강상태에 접어들고 경제활동이 재개되자 일꾼들은 흑사병 이전과 같은 노동을 하면서도, 더 많은 돈에 식사 제공 같은 편의를 추가로 요구했다. 거대한 변화의 흐름을 알 리 없는, 예컨대 잉글랜드 왕 같은 일부 통치자들이 임금 상한선을 설정하는 등 변화의 흐름을 거스르려고 했으나, 이미 시작된 노동시장 혹은 노동환경을 둘러싼 변화의 물길을 되돌릴 수는 없었다. 전국 어디서는 곡식 거두기를 비롯한 모든 노동삯을 종전처럼 주고받아야 하며 명을 어기면 처벌받을 것이라고 한 잉글랜드 왕의 포고는 준수되지 못했다. 일꾼들은 눈앞의 돈을 중시할 뿐, 멀리 있는 국왕의 명령에는 아랑곳하지 않았다. 지주들은 왕의 명령을 지키며 그해 농사를 망칠지 혹은 왕명을 거부하며 그해 농사를 지을지 택일해야 했는데, 아무리 봐도 후자가 합리적이었다. 귀족, 수도원장, 기사 등 지주들이 왕명을 어기고 일꾼들에게 기준보다 더 많은 임금을 주었다는 사실을 나중에야 알게 된 왕은, '범법자'의 재산 상황 등을 고려해 벌금을 매기고 실제로 징수했다. 또한 '불량한 일꾼'을 체포하여 감옥에 보내거나 마찬가지로 벌금을 걷었다. 그러나 거대한 흐름 자체를 뒤집을 힘이 왕에게는 없었다.

영국과 프랑스의 흑사병 유행은 백년전쟁(1339~1453)과 맞물린다. 영국과 프랑스는 서로를 무너뜨리려 골몰하는 와중에도 각자 내부의 난제를 처리해야 하는 이중의 전쟁을 치렀다. 흑사병 감염과 사망에서 비롯한 직접적인 전선의 전력 손실뿐 아니라, 인구 급감에 따른 후방 병력 자원과 병참 역량의 감소는 심각한 문제였다. 100년이 넘는 오랜 전쟁을 흑사병 자체는 물론이고 흑사병의 치명적 영향 속에서 치르면서, 전비를 조달하고 국가를 안정적으로 운영하기란 결코 쉬운 일이 아니었다. 경제 위기와 인구 감소 속에 전쟁을 계속하려면 인두세 등 다양한 명목으로 세금을 더 걷고 더 착취할 수밖에 없었으며, 이는 민중봉기를 불러왔다. 1358년 프랑스 자크리Jacquerie의 봉기, 1381년 잉글랜드 와트 타일러Wat Tyler의 봉기가 대표적이다. 부역 해방, 농노제 폐지 등을 내건 농민봉기는 진압되긴 했지만 지배계급에게 두려움을 심어주기에 충분했다.

2차 대역병 이후 세계 전역에서 광범위한 사회경제적 변화가 촉발되었을 것으로 추정되지만 근대화와 자본주의로 연결된 변화는 유럽에서만 일어났기 때문에 '유럽의 흑사병'이 주목받았다. 인구 감소에 따른 노동 수요와 공급 모두의 변화는 세계적인 현상일 텐데, 유럽에서만 다른 발전 경로가 생긴 데에는 다각도의 해명이 필요할 것이다. 정확한 원인을 판별할 수 없다 하더라도, 우리는 그렇게 역사가 흘러왔다는 사실만은 정확히 알고 있다.

　　당시 노동을 제공한 이는 신분상 노동자가 아닌 농노였다. 흑사병으로 전체 인구와 함께 노동인구가 감소했고, '살아남은' 이들에겐 당연히 우호적인 환경이 조성된 셈이었다. 앞서 살펴본 대로 노동력이 귀해지자 일꾼의 처우가 개선되고 품삯이 높아졌으며, 이는 기득권의 반발과 저항을 불러오긴 했지만 그런 일은 무위로 돌아갔다. 그 결과 노동자 계급이 등장하고 임금노동이 정착하게 된다.

　　반면 인구의 급격한 감소는 지주에게 불리하게 작용했다. 인구 감소는 곡물 수요의 감소를 뜻하기에 지주의 수입이 줄어들었으며, 지주들은 노동력 공급의 감소에도 직면해 있었으므로 수입 감소와 더 많은 노동비용 지출이라는 이중고를 겪었다. 이중고를 돌파할 길은 잉글랜드 왕의 처방에서 보듯 물리력과 공권력을 동원해 변화를 막는 것과 변화에 순응하는 것, 두 가지뿐이었다. 잉글랜드 왕처럼 일부 영주는 줄어든 수입을 농노와 농민을 더 강력하게 속박하여 쥐어짜는 방식으로

벌충했다. 영주나 지주 입장에서는 직영지를 확대하고 부역을 강제하는 것이었고, 국왕 입장에서는 자신의 영지에서 같은 조치를 취하면서 국가적으로 세금을 늘리는 것이었다. 모두 이론상 가능한 선택지이긴 했다. 이집트 맘루크 왕조의 선택 또한 크게 보아 비슷했다.

그러나 한번 시작된 변화를 돌이킬 수는 없으며 변화에 순응하는 것이 더 효율적이라는 사실을 파악한 지주나 영주가 늘어나면서, '반동'의 흐름은 억제된다. 지역과 국가에 따라 달랐고 이행 속도 또한 달랐기에 일률적으로 말할 수 없지만, 농노제를 근간으로 한 장원체제가 해체되고 자영농이 늘어났으며 해방된 농노가 도시로 이주하면서 상공업이 발달하고 화폐경제가 자리를 잡아가기 시작했다. 농민은 영주나 지주에게 직접 몸을 써서 각종 부역을 제공하는 대신 화폐로 납부했다. 예전에 농노에게 부과된 강제적 부역 노동이 비효율적이라는 데 지주와 농민이 모두 동의한 결과다. 그러나 적응하든 저항하든, 장기적인 관점에서 변화가 불리하게 작용한 영주 계급은 점차 몰락하게 된다. 반면 소수의 강력한 영주인 국왕은 영주의 몰락을 활용하여 자신들의 위상을 강화하는 한편 절대왕정의 기틀을 닦는 데에 성공한다. 절대왕정은 비록 한시적 정체政體였지만 봉건사회가 근대사회로 바뀌는 도정에서 화려한 역할을 맡아 한동안 역사의 주인공 역할을 수행했다.

결론적으로 14세기 중엽 흑사병의 대유행은 심각한 인구 감소라는 위기를 몰고 왔으나 유럽에서는 새로운 사회 시스템이 출현하는 계기가 되었다. 노동과 신분제적 강제가 결합한 농노가 사라지고 대신 초보적이긴 했지만 시장질서 아래 임금노동을 하는 노동자가 출현했으며, 자본주의 생산양식에 맞춰 부르주아라는 신흥 계급이 서서히 형성되면서 유럽은 세계를 주도할 채비를 갖춘다. 물론 변화는 이에 따른 적잖은 부작용과 한참 뒤에 나타날 제국주의의 폐해를 수반했다. 그럼에도 2차 대역병 이후 유럽은 전체적으로 사회 구성원의 자유가 확대되고 생산력이 향상되는 방향으로 발전 경로를 잡은 셈이다.

전염병은 인류 역사의 흐름을 바꿔놓곤 했다. 유럽인에게는 해를 끼치지 않던 질병이 아메리카 대륙 원주민에게는 몰살에 가까운 재앙을 불러일으킴으로써 신대륙의 운명을 바꾼 사례가 재러드 다이아몬드Jared Diamond의《총, 균, 쇠Guns, Germs, and Steel》를 비롯하여 여기저기서 자주 거론된다. 흑사병 또한 유럽에 거대한 전환을 초래함으로써 장기적으로 세계를 바꿔놓았다. 이제 세계화한 인류는 코로나19라는 공통의 전염병을 동시에 앓으며 동시에 극복해나가고 있다. 전염병이라는 현상을 이해한 채 모두가 동일한 위협에 노출되어 전 세계적으로 피해 상황을 공유하며 바이러스와 싸우고 있는 현재의 상황은 인류 역사상 처음 있는 일이다. 코로나바이러스를 더 잘 알게 되어 감기처럼 다룰 수 있는 시점이 되면, 혹은 코로나바이러스를 완전히 박멸하는 시점이 되면, 세상은 어떤 변화를 거쳐 어떤 미래를 준비하고 있을까?

② 인간의 탐욕을 이용해온 전염병

1장에서 살펴본 대로 전염병 역사에서 흑사병의 위치는 공고하다. 중세 유럽을 쑥대밭으로 만든 흑사병은 3차 대역병(1850년대) 전인 1720년 프랑스 마르세유 지역에 잠시 출현해 눈에 띄는 흔적을 남기기도 했다. 당시 마르세유에 들이닥친 흑사병은 14세기 중엽 유럽을 휩쓴 흑사병과 비교해 감염자·사망자 규모와 피해 지역 범위는 작지만 감염병 역사에서 중요하게 언급된다. 인간의 탐욕이 전염병과 합체하여 어떤 재앙을 만들어내는지를 입증한 사례이기 때문이다.

'마르세유 페스트'는 인재다

《법의 정신De l'esprit des lois》으로 유명한 몽테스키외 Monte-squieu(1689~1755)는 1720년 《페르시아인의 편지 Lettres per-sanes》를 집필해 이듬해 익명으로 발표했다. 몽테스키외가 《페르시아인의 편지》를 쓰느라 여념이 없던 1720년은 흑사병 역사에서 중요하게 언급되는 유행, 이른바 '마르세유 페스트'

34

가 프랑스 남부 항구도시 마르세유에서 발생한 무렵이기도 하다. 이 역사에는 '그랑생앙투안Grand-Saint-Antoine'이라는 이름의 배가 등장한다. 그랑생앙투안호는 시리아·레바논·이스라엘 등 지중해 동부 연안 지역과 마르세유 사이를 운항하던 상선이었다. 나중에 사인이 흑사병으로 밝혀질, 배 안에서 사망한 아홉 사람을 싣고 지중해 동부에서 돌아온 그랑생앙투안호는 1720년 5월 25일 마르세유에 도착했지만, 입항이 불허된다. 배는 일단 마르세유 먼 바다에 위치한 자르Jarre섬에 격리됐다. 자르섬은 흑사병 등 전염병 감염 우려가 있는 선박을 검역 차원에서 임시로 머물게 하던 곳이었다.

당시 마르세유 항구에는 검역사무소가 설치되어 있었다. 그랑생앙투안호처럼 지중해 동부 연안에서 출발한 선박은 이곳에서 입항 허가를 받아야 했다. 항해 중 아홉 명이나 숨진 선박에 대한 철저한 검역과 격리는 중세와 달리 1720년엔 상식이었을 것이다. 검역사무소의 존재 자체가 이런 상식을 방증한다. 그러나 결론적으로 상식은 지켜지지 않았다.

그랑생앙투안호는 명백한 물리적 증거에도 불구하고 서류상으로는 안전한 배로 판정받았다. 우선 그랑생앙투안호는 레바논의 시돈 지역 프랑스 영사로부터 이 배가 감염 환자 없이 출항했음을 확인하는 검역증명서를 발급받았다. 화물을 추가로 실은 레바논 티르 지역 영사와 항해 중 배의 손상을 수리하기 하기 위해 체류한 트리폴리 영사로부터도 검역증명서를 받은 상태였다. 항해 중 발생한 선원 사망에 대해, 그랑생앙투안호 선장은 사망자가 흑사병이 아닌 다른 이유로 죽었다고 사무소에 사인 보고를 마쳤다. 새로 선원 한 명이 숨졌으나 마르세유 항구의 검안檢案 의사는 어찌 된 일인지 시신에서 흑사병의 징후가 없다는 소견서를 제출했다.

이 배를 자르섬에 격리한 검역사무소는 이러한 과정을 거쳐 처음의 입항 불허 결정을 번복했다. 결정의 번복에서 이상한 점은, 같은 화물인데도 고가의 화물인 비단의 하선을 우선 허용한 반면 비단에 비해 상대적으로 값싼 면직물은 계속 격리토록 한 것이다. 그나마 며칠 후 검역사무소는 면직물을 포함한 모든 화물의 하역을 허가했다. 증거에 따라 철저한 검역과 완벽한 격리가 이뤄졌어야 했지만, 흑사병 균이 묻어 있을 것으로 의심되는 여러 종류의 직물이 모두 하선되어 마르세유로 유통됐다. 흑사병의 상륙이었다. 약 1,200년 전 동로마제국의 수도 콘스탄티노플에 흑사병이 상륙한 일과 비교하여 유일한 차이이자 큰 차이는, 흑사병의 마르세유 상륙이 당국의 승인을 받은 상륙이라는 점에 있었다.

하역 인부들이 가장 먼저 감염되어 쓰러졌고, 빠르게 병이 확산하며 마르세유는 곧 초토화했다. 흑사병은 마르세유에 이어 프로방스 지방 전역으로 퍼져나갔으며 중세만큼은 아니지만 꽤 많은 사람이 사망했다. 상대적으로 아주 오래된 사건이 아니어서 마르세유에는 1720년의 흑사병과 관련한 비교적 정확한 기록이 보전돼 있으며 마르세유 사람들은 지명이나 동상 등으로 그 역사를 기억한다.

당시 마르세유는 엄청난 재앙을 맞아 어떻게든 사태를 수습하려 애쓰는 동시에 재앙의 원인을 파악하고자 했다. '신의 심판'이라는 중세식 해명은 18세기 마르세유에서 통하지 않았다. 그러나 진상을 알게 된 뒤에는, 정작 14세기 유럽에 내려지지 않은 '신의 심판'이 18세기 마르세유에 내려졌다는 생각이 들었을 법도 하다. '마르세유 페스트'는 인간의 탐욕이 초래한 전형적인 인재人災였기 때문이다. 신의 심판이란 것이 존재한다면, 심판을 위해 굳이 신이 번거롭게 인간사에 직접 개입할 필요가 없다. 인간을 통해서도 충분하다. 신이 즐겨 쓰는 수단이 바로 인간의 탐욕이다. '마르세유 페스트'는 인간의 탐욕이 세상에 어떤 재앙을 불러들이는지를 보여준 대표적 사례다.

조사 결과는 실제로 탐욕을 그 원인으로 지목했다. 1720년의 마르세유는 흑사병의 유행 자체는 못 막아도 유입은 충분히 막아낼 지식과 체계를 갖추고 있었지만, 탐욕스런 몇몇 개인의 일탈이 전염병 역사에 길이 남을 참사를 야기했다. 전하는 바에 따르면, 인재의 장본인은 그랑생앙투안호의 샤토Jean-Baptiste Chataud 선장과 마르세유의 에스텔Jean-Baptiste Estelle 부시장이었다. 금권정치의 썩은 냄새가 진동하는 사건이 발생했던 것이다.

도매상인인 에스텔 부시장이 그랑생앙투안호에 실린 일부 직물의 수취인이었다는 사실만으로도 사건의 전모가 짐작된다. 공직자, 그것도 금권에 속한 공직자가 자기 이익을 우선해 공공에 심각한 위해를 가한 이 사건에서, 에스텔 부시장은 합당한 절차를 배제한 채 흑사병 균에 오염된 직물을 하역하도록 압력을 행사한 원흉이라 할 수 있다. 다만 진실이 규명되기 전 그가 사망한 탓에 사건의 실체는 추정의 영역에 남겨졌다. 선박의 보건위생 관리자도 승무원 격리 해제 하루 전에 숨졌다. 밝혀진 바가 없진 않았다. 항만의 의사가 신규 사망자의 사인을 흑사병이 아닌 고령에 의한 사망으로 진단을 날조했음이 드러났다. 샤토 선장은 항해 중 사망한 사람들의 사인을 식중독으로 처리하는 등 항해일지를 조작했다. 사건의 규모나 파장에 비해 사건 자체가 너무 손쉽게 저질러졌다는 점에서 이 스캔들은 두고두고 숙고됐다.

당시 사람들은 흑사병 같은 전염병을 지금만큼 정확하게 이해하진 못했다. 다만 프랑스가 지중해 동부 연안 지역에서 검역증명 제도를 운영했다는 사실은, 흑사병과의 오랜 싸움의 성과로 나름의 방역체계가 생겨났으며 특히 그 지역을 주요 전염병의 발원지로 상정하고 경계했음을 보여준다. 1장에서 살펴본 대로, 마르세유는 40일의 격리를 시행한 '검역quarantine'이란 말의 어원과 관련된 곳이다. 흑사병이 엄습하고 불과 몇십 년이 지난 1383년 마르세유는 입항하려는 선박을 조사한 후 전염병 감염이 의심되는 배와 승객·하물을 별도의 장소에서 40일간 억류하면서 깨끗한 공기로 환기하고 태양광을 쐬는 등의 방법으로 소독하는 최초의 체계적 검역소를 설치했다. 이후 인근 지역에서도 격리시설이나 소독소를 구비한 전염병 격리체계가 보건사업의 일환으로 도입되기 시작했다. 검역 제도는 르네상스 시대를 거치며 더욱 발전하여 공중보건 활동의 중요한 분야로 자리 잡게 된다.

'마르세유 페스트'가 검역 역사의 상징적인 도시 마르세유에서 발발했다는 사실은 코로나19 사태를 겪은 우리에게 많은 생각거리를 던져준다. 인간이 자연과 만나 가장 먼저 한 일은 '이해'다. 인간과 자연의 만남이 인간에게 위협으로 작용할 때는 그 이해에 근거하여 위협을 극복하기 위한 대응체계를 세우고(혹은 그 만남이 인간에게 기회로 작용할 때는 기회를 선용하기 위한 활용체계를 세우고), 그 체계에서 행위할 사람을 키우는 식으로 인류 문명이 발전해왔다고 말할 수 있다. 인간이 세계를 이해한다는 것은 부분적 이해일 수밖에 없기에 언제나 잠정적이라는 한계를 갖지만, 그럼에도 해당 시점에서는 최선의 이해다. 14세기의 인류가 흑사병에 관해 전혀 몰랐다 해도 과언은 아니다. 21세기의 인류는 흑사병을 비롯해, 14세기 인류로서는 상상할 수 없었을 많은 것에 관해 엄청난 지식을 갖고 있지만, 알게 된 것 이상으로 모르고 있던 것이 많음을 새로이 깨닫는 중이다. 우주를 이해할 때 사용되는 '암흑물질'이라든지 '암흑에너지' 같은 개념이 대표적이다. 여기서 '암흑'은 '모름'을 알게 됐다는 표지다.

잠정적이고 부분적이지만 최선의 이해에 기반하여 체계를 만들고 체계를 운영할 사람을 육성하는 반복된 과정을 통해 인류는 발전했다. 물론 이해·체계·사람이 엇박자를 내거나, 조화로운 줄 알았던 이 세 요소 사이의 관계가 지나고 보니 상호 적대로 변해버린 때도 있었다. 흑사병이나 코로나19 같은 자연의 일격은 인간에게 이 관계를 서둘러 조정해야 한다는 암시를 주는지도 모르겠다. 그러나 불행히도 인간은 암시가 명시로 바뀌기 전에는, 혹은 암시가 명시로 바뀌고 난 다음에도 대체로 과거의 관계와 기존 조합에 매달리곤 했다. '마르세유 페스트'처럼 모든 노력과 축적을 한 방에 무위로 돌리는 허망한 사건 또한 수없이 많이 일어났음을 우리는 너무나 잘 알고 있다.

맬서스 트랩 vs. 페스트 트랩

《인구론An Essay on the Principle of Population》을 쓴 토마스 맬서스Thomas Malthus(1766~1834)는 논쟁적인 인물이다. 맬서스가 유명을 달리한 지 오래이기에 인물 자체에 대한 호오는 큰 의미가 없을 테고, 그에 대한 역사적이고 사상사적인 평가만 남아 있다 하겠다. 맬서스는 사상사에서 자주 언급될 만큼 유명세를 누리고 있지만, 부정적인 평가가 주종을 이루며 그의 사상을 혐오하는 사람이 많다.

고등학생만 되어도 맬서스를 알고, 곧바로 식량의 산술급수적인 증가와 인구의 기하급수적인 증가를 말하기 마련이다. 이러한 비대칭은 인류에게 재앙을 불러오지만, 맬서스에 따르면 인류의 종말을 유발하지는 않는다. 인구와 식량 외의 외부 요인이 작용하지 않는다면 비대칭에 따라 한정된 자원, 즉 식량을 두고 사람들이 싸울 수밖에 없는데, 때로 전쟁을 통해 인위적이고 급격한 인구 감소가 일어남으로써 인구와 식량 간의 새로운 균형점이 생기기 때문이다. 전쟁이 없으면 질병이 그 역할을 수행하며, 전쟁과 질병이 아니라면 최종적으로 수급 불일치의 극단적 표현 형태인 기근이 인구를 조절한다. 즉 공급(식량)에 맞추어 수요(인구)를 조절해야 한다는 논리로, 이러한 논리구조에서는 삶의 질이 지속적으로 최저 수준에 머물게 되고 식량 공급 증가 폭 안에서만 인구가 증가할 수 있다. 식량 공급량을 상회하는 인구 증가는 앞서 살펴본 것과 같은, 인위적이든 자연적이든 '제재'를 받는다. 말하자면 '덫trap'에 걸린 것과 같은 상태가 이어지게 되는데, 이러한 상태를 '맬서스 트랩Malthusian trap'이라고 한다.

'맬서스 트랩'은 현대사가 실증하듯 더는 통용되지 않는다. 적어도 식량과 인구 사이의 함수에서 재앙(맬서스의 생각에선 균형)이 도출되지는 않는다. 그러나 맬서스의 거친 표현이 불편해서 그렇지, 생산력의 고도화로 '맬서스 트랩'이 완전히 무의미해졌다는 생각에는 동의하기 어렵다. 개인적으로는 변수를 식량 외로 넓혀, 예를 들어 포괄적으로 지구와 인간 사이의 함수를 새롭게 구성한다면 '맬서스 트랩'이 상당히 타당성을 갖게 되리라 판단한다. 지구 전체로 보면 인류가 기후 위기로 상징되는 미증유의 '덫'에 걸려 있는 상태이기 때문이다.

맬서스의 해법이 가진 문제는, 맬서스가 너무나 적나라하게 차별과 증오를 공식화한 데서 발견된다. '맬서스 트랩'에서 벗어나는 여러 가지 시나리오를 상상해보면, 현재의 인류가 그렇게 했듯 증가하는 인구를 부양할 만큼 식량 생산량을 획기적으로 늘리면 된다. 이것이 바로 공급 해법이다. 반면 맬서스는 '획기적'이라는 것의 한계를 산술급수로 보았기에 수요에서만 해법을 찾았다. 공급이 아닌 수요를 조절하는 데서 해결책을 모색한 맬서스는, 결혼이나 출산의 제한 등 제도적이고 얌전한 조절 방법과 전쟁·질병·기아 등 폭력적인 조절 방법을 함께 거론했는데, 요체는 어떤 사회 구성원의 평균적 삶의 질을 높이려면 빈곤층을 줄여야 한다는 것이었다. 맬서스의 관점에서 '덫'을 탈출하려면, 빈민 구제 같은 온정적 사회 정책을 폐기하고 적극적으로 경쟁체제를 작동시켜 취약계층이 도태되게 만들어야 한다. 여기서 자연스럽게 정글 자본주의의 원형을 목격하게 되어 사람들은 섬뜩한 기분을 느끼기 마련이다. 이처럼 우리가 흔히 '보편적 가치'라고 말할 때의 그 가치를 배제하고 현상에 집착하여 인류의 미래를 고민한 데서 맬서스의 한계가 드러난다. 나아가 생산력의 획기적인 발전이 '맬서스 트랩'을 당장은 웃음거리로 만들었지만, 그것역시 '맬서스 트랩'의 극복을 의미하지는 않는다. 생산력 자체는 마찬가지로 가치 배제의 논점에 서 있기 때문이다.

이제 우리는 '페스트'든, '코로나바이러스'든, 혹은 '지구온난화'든, 인류가 '덫'에 걸린 상태에서 벗어난 적이 한 번도 없다는 사실을 직시하고 인정할 필요가 있다. 지구온난화와 기후변화 같은 전 지구적 위기의 덫에 빠진 현재 인류의 상황으로 미루어 '맬서스 트랩'은 분명 유효하다.

특정 집단, 특정 국가, 특정 지역의 삶의 질을 급속도로 높이기 위해 다른 집단, 다른 국가, 다른 지역의 삶의 질을 망가뜨린 게 지금까지 인류의 대체적 발전 공식이었다. 냉정히 말해 인류의 절대다수를 여전히 '덫'에 걸린 채로 놓아두고, 혹은 '덫'에 더 깊숙이 밀어 넣고 소수가 '덫'에서 탈출한 구조다. 이 구조에서는 탈출에 성공한 이들마저 종국에는 다시 바닥으로 추락할 공산이 크다. 근대 이래의 인간 문명이 가장 약한 자들을 희생시키며 전진해놓고는, 진실을 그대로 까발린 맬서스를 사악한 사상가라고 욕하는 건 부끄러운 일이다. (물론 근대 이전에도 인간 문명은 약한 자들을 일상적이고 구조적으로 희생시켰다. 그러나 근대 이후처럼 체계적이고 대대적으로, 또 무엇보다 아닌 척하며 '희생'을 일상화한 적은 없었다.)

근대 이후 인간은 자연에 맞서 상당한 통제력을 발휘하며 자신의 능력에 자신감과 자부심을 갖게 됐다. 그러나 인류 전체를 '덫'에 빠지지 않게 하는 방식의 발전 경로를 발견하지 못했다는 면에서, 아직까지 우리는 맬서스가 예견한 세상에 살고 있는 셈이다. 각기 다른 속도의 불균등한 발전 과정에서 '덫'에 걸렸을 때, 또는 '덫'에서 빠져나오지 못하고 있을 때 '덫'에 걸린 이들 가운데서 누구를 살리고 누구를 희생시킬 것인지, 그런 결정을 누가 어떻게 내릴 것인지를 제대로 고민하지 않았다는 면에서 우리는 여전히 '맬서스적 인간'이라 하겠다.

　'맬서스 트랩'이라는 말을 차용하자면 중세는 '페스트 트랩'에 걸려 있었다고 할 수 있다. 근대에 이르러 인류는 흑사병의 공포로부터 거의 벗어난 상태였다. 중세 유럽에서 흑사병 유행의 끝물이라고 할 '마르세유 페스트'는 앞서 살펴본 대로 인재에 가까웠다. 마르세유를 포함한 지중해 연안엔 오랜 '페스트 트랩'의 경험에 힘입어 방역 및 검역체계와 네트워크가 조성돼 있었다. 그러나 '페스트 트랩'에 대한 이러한 대비책은 선박 하나 분량의 탐욕으로 무너졌다. 그랑생앙투안호는 전염병이 발생한 지역을 거쳐 왔고 실제로 어디선가 전염병을 승선시켰지만, 해당 지역에서 안전하다는 검역증명서를 발급받을 수 있었다. 이런 사실은 지중해의 방역 네트워크가 오히려 흑사병의 확산 경로로 활용되었다는 당황스런 결과를 보여준다. 배가 마르세유에 이르는 동안 준수 절차는 무시됐고, 점검도 허위로 점철됐다. 하역과 함께 가장 먼저 흑사병에 쓰러진 이들은 부두노동자였다. 인류 역사에서 탐욕의 총알받이로 희생되는 계급이나 계층은 거의 일정하다.

호모 이코노미쿠스의 출현

마르세유 지배계급의 일원이자 그랑생앙투안호의 화주貨主

로, '마르세유 페스트'에서 탐욕의 총알을 발사한 에스텔은, 흑사병이 마르세유를 궤멸시킬 줄 미리 알았다면 당연히 화물을 포기했을 것이다. 자기 목숨도 살릴 수 있었을 테니 그랬다면 더할 나위 없는 선택이 되었을 것이고, 역사에 이런 식으로 이름을 남기는 일 또한 없었으리라. 그러나 현실의 에스텔은 화물을 포기하지 않았다. 그런 선택을 했을 때 에스텔이 자신의 사망을 비롯한 궤멸적 결과까지 예상하진 못했겠지만 어느 정도 위험의 개연성은 지각했다고 추정하는 게 합리적으로 보인다. 그때까지도 유럽이 '페스트 트랩'에서 완벽하게 헤어난 상황이 아니었기에, 에스텔의 예상에 '최악'이 배제됐을 리는 없다. 단순하게 가정해 만일 그 배에 자신의 화물이 실려 있지 않았다면, 그랑생앙투안호의 격리를 풀고 화물을 내리게 하는 그런 부당한 영향력을 부시장 에스텔이 행사하진 않았을 것이라고 나는 확신한다.

에스텔의 판단에 영향을 미친 요소는 '확률'이었다고 볼 수 있다. 확률은 일종의 합리성이다. 에스텔의 '합리적' 추론 아래서 그의 경험칙에 따른 흑사병 유행 확률은 '0'은 아닐지언정 낮은 편이었을 테고, 그 정도 희박한 확률 때문에 스스로 값비싼 화물을 포기할 수는 없었을 것이다.

합리적 추론에는 결과 외에 주체의 위험부담 가능성이 고려된다. 가령 에스텔이 배에서 뭍으로 화물을 날라야 하는 부두노동자였다고 가정해보자. 누군가 에스텔에게 모든 정보를 주고 의견을 물었다면 그는 그랑생앙투안호 화물의 하역에 반대했을 것이다. 그러나 실제로 에스텔은 화주였고 직접 화물을 나르지 않았기에, 만일 문제가 생긴다 해도 '고작 부두노동자에게나 생길 일'이라며 무의식적으로 이 문제를 고려사항에서 배제하며 계산을 수행하지 않았을까?

이렇게나 부도덕한 에스텔을, 또 엄청난 결과를 야기한 에스텔의 사악하고 조악한 계산법을 우리는 당연히 비난한다. 그런데 타인의 목숨까지 계산에 넣은, 확률에 의거한 비즈니스 등의 의사결정이 오늘날 다반사로 이뤄지는 상황에 대해서는 어떻게 반응할 것인가.

1970년대에 자동차 회사 포드Ford는 자사의 승용차 모델 '핀토Pinto'에 결함이 있어 이것이 인명 피해를 불러올 줄 알면서도, 계산상 비용(사람 목숨값까지 포함한 값)보다 수익이 더 크다는 판단 아래 출시를 단행했다. 널리 알려진 핀토의 사례가 예외적 의사결정이라고 보면 곤란하다. 이런 의사결정 방식은 현대사회에 보편적이어서 상시적으로 일어난다. 만일 1970년대에 핀토 판매를 결정한 포드 경영진이 1720년 마르세유의 에스텔의 자리에 있었다면, 그들이 에스텔과 다르게 행동할 확률은 과연 얼마나 될까.

'마르세유 페스트'를 계기로 '페스트 트랩'은 다른 종류의 트랩으로 바뀐다. 크게 보아 '맬서스 트랩'과도 연관되지만 1720년의 '마르세유 페스트 트랩'은 이후 '핀토 트랩'의 닮은 꼴로 진화했다고 설명하는 게 더 타당해 보인다.

'핀토 트랩'은 모든 것을 계량화하고 시장화할 수 있다는 시장만능주의를 뜻한다. 위험 없는 세상보다 시장 없는 세상을 더 끔찍하게 받아들이는 가치관이다. 이 가치관은 중세 유럽이 '페스트 트랩'에서 벗어나면서 스스로에게 부여하고 점차 세계 전역으로 확산시킨 새로운 '덫'이다. 당연히 근대의 유럽인과 오늘날의 세계인은 이것을 '덫'으로 인식하지 않는다. 오히려 인류 발전의 최고 플랫폼으로 여기면서, 인류 역사의 최종 진화 형태로까지 추앙하기도 한다. 세계 전체를 상품화한 이 '덫'은 주로 합리성과 효율성이란 이름으로 포장되며, 중세 유럽에서 기독교가 그러했듯 근대 이후 인류 문명을 지배하고 있다. 우리에게 조금 익숙한 이름으로 부르자면 이 '덫'이 곧 신자유주의다. 사람들은 원하든 원치 않든 이 '덫'에 사로잡히게 되며, '덫'에 걸렸다는 사실을 지각하지 못한 채 평생을 살기도 한다.

'마르세유 페스트'가 발발한 1720년 《페르시아인의 편지》를 집필한 몽테스키외는 1748년 필생의 역작인 《법의 정신》을 출간한다. 애덤 스미스의 《국부론》, 장자크 루소의 《사회계약론》, 토머스 페인의 《상식》과 더불어 근대에 주춧돌을 놓은 책으로 꼽히는 《법의 정신》을 통해 몽테스키외는 삼권분립을 주장하여 근대 정치체계의 골격을 제시하는 데 공헌했다. 동시에 그는 근대 정치체계와 경제체계를 표상하는 인간형 '호모 이코노미쿠스homo economicus' 진영에 속한 인물이기도 하다.

몬테스키외는 '맬서스 트랩'을 알았을까

상업은 파괴적인 편견을 고쳐준다. 그리하여 온화한 습속이 있는 곳에는 어디에나 상업이 있고, 상업이 있는 곳에는 반드시 온화한 습속이 있다는 것은 거의 일반적인 원칙이다. (…) 그 결과 갖가지 커다란 이익이 태어났다. (…) 상업의 자연적 효과는 평화로 이끄는 것이다. 거래하는 두 국민은 서로 의존하게 된다. 한쪽이 사는 것으로 이익을 얻는다면 다른 쪽은 파는 것으로 이익을 얻는다. (…) 사람들이 상업 정신만으로 움직여지는 나라들에서는 모든 인간 행위나 온갖 도덕적 덕성도 거래 대상이 되며 (…) 상업 정신은 사람들 속에 있는 어떤 종류의 착실한 정의감을 낳게 한다.

－샤를 드 몬테스키외, 《법의 정신》 제20편 〈상업법의 본질과 특성 고찰〉
제1장 '상업', 제2장 '상업의 정신'

'마르세유 페스트'가 상업 정신으로 촉발되었음을 몬테스키외는 몰랐던 것일까. "상업이 있는 곳에는 반드시 온화한 습속이 있다"는 진술은 '마르세유 페스트'란 단 하나의 사건만으로도 부정된다. 1720년 몬테스키외의 조국 프랑스의 최대 항구에서 벌어진 일은 상업(상업 정신)에 의한 야만으로밖에 설명되지 않는다. 그럼에도 상업과 상업 정신에 대한 몬테스키외의 단호한 찬미는 상업 정신 혹은 자본주의가 벌써 근대의 시대정신으로 확고히 자리 잡은 정황을 입증한다. 시대가 '페스트 트랩'에서 '자본주의 트랩'으로 이행해버린 것이다.

그렇다면 흑사병에 대한 몽테스키외의 진단은 어떠했을까.

> 페스트는 그 피해가 더욱더 빠른 병이다. 그 본거지는 이집트에 있고, 거기서부터 온 세계에 퍼진다. 유럽 대부분의 국가에서 페스트의 침입을 막기 위해 매우 좋은 규칙이 만들어졌다. 그리고 현대에 와서는 그것을 정지시키는 훌륭한 방법이 고안되었다. 페스트에 걸린 지방 주위에 군대가 주둔하여 모든 교통을 차단하는 것이다.
>
> —샤를 드 몽테스키외,《법의 정신》제14편 〈법과 풍토의 관계〉 제11장 '풍토병에 관한 법'

이집트가 흑사병의 발원지라는 기술은 잘못되었지만, 1장에서 살펴본 대로 이집트에서 특히 흑사병이 자주 발병했고 이집트가 유럽에 널리 알려진 나라이기에 당시 지식수준으로는 충분히 가능한 오해다. 위 인용문을 좀 더 정확히 풀어 쓰자면, 흑사병이 매우 빠른 속도로 퍼져나가는 병이고 피해도 컸지만 시간이 지나며 사람들은 생존을 위해 흑사병 확산을 막는 효과적인 방법들을 고안해냈다는 것이 몽테스키외의 견해다.

책에서 별개의 장에 속한 별개의 주제인 탓일 텐데, 흑사병과 교역 또는 상업 사이의 관련성에 대해서는 몽테스키외가 특별히 언급하지 않았다. 그가 흑사병의 발원지로 본 이집트가 실제 발원지가 아닌데도 그런 불명예를 뒤집어쓴 까닭이 이집트의 중계무역과 맘루크 조달체계 때문이었고, '마르세유 페스트' 또한 교역에서 기인했음은 여기서 쉽게 무시됐다. 대체로 이는 당시 지식의 한계 때문이겠지만, 기저에는 이른바 '확증편향確證偏向'이 작용했으리란 의심을 거둘 수 없다.

상업이 선한 것이라는 생각은 몽테스키외 시기에 이르러 신흥종교와 다름없이 되어가고 있었다. 중세에 흑사병을 '신의 심판'으로 보는 신 중심 세계관이 보편적이었다면, 근대에 이르러 상업 혹은 자본은 신을 초월한 존재로 비상할 준비를 하고 있었다. 공교롭게도 이 시기 유럽에서 흑사병이 잦아들었다. 마침내 유럽이 '페스트 트랩'에서 벗어난 셈이었다.

그렇다고 유럽이 전염병의 공포에서 완전히 해방된 것은 아니다. 전염병은 동거 가능한 생활 속의 공포로 바뀌었을 뿐이다. 한 예로 1980년 세계보건기구WHO가 지구상에서 완전히 사라진 질병으로 그 종식을 선언한 천연두를 들 수 있다. 천연두는 우리나라에선 마마媽媽 혹은 백세창百世瘡이라고도 불렸다. 백세창은 평생 한 번은 겪어야 하는 전염병이라는 뜻이다. 치명률이 매우 높은 무시무시한 질병이었고, 천연두 백신이 보편적으로 사용되기 전까지는 대체로 어려서 병에 걸려 죽거나, 살아남아 면역이 되거나 하는 두 갈래 길을 인간에게 제시한 병이었다. 다른 여러 질병 및 전염병과 마찬가지로, 인간은 천연두와 동거하는 운명에 순응했다. 근대에도 여전히 많은 사람들이 천연두에 걸려 죽었지만, 천연두가 흑사병처럼 역사의 흐름을 바꿀 정도의 영향을 미치지는 않았다. 요컨대 '마마 트랩'에 걸리지는 않았다는 뜻이다.

그런데 유라시아 대륙을 벗어나 대서양과 태평양으로 둘러싸인 아메리카 대륙으로 옮겨 가면 전혀 다른 이야기가 펼쳐진다. 천연두는 주지하듯 이른바 대항해 시대에 아메리카 대륙에 건너간 유럽인이 아메리카 원주민에게 퍼뜨리면서, 그 시점까지 존재한 아메리카 토착 문명의 몰락을 초래하는 데 크게 일조했다. 이미 면역된 유럽인이 천연두로부터 안전했던 반면 갑자기 낯선 질병에 노출된 아메리카인은 그렇지 못했고, 14세기 유럽에서 흑사병이 유발한 재앙 비슷한 것이 아메리카 대륙을 휩쓸었다.

아메리카 대륙이 일방적으로 새로운 전염병을 받기만 한 것은 아니었다. 이설異說이 있긴 하지만 아메리카를 다녀온 유럽인은 아메리카에서 감염된 새로운 전염병을 고국에서 확산시키게 되는데, 그것이 바로 매독이었다. 유럽이 근대로 도약하던 그 시점의 유럽인은, 소강상태를 보이긴 했으나 잔존한 흑사병('마르세유 페스트'처럼 지역 차원의 돌발적인 대규모 유행의 우려), 천연두를 비롯한 종래의 질병에다 매독이라는 새로운 유행병까지 많은 질병을 일상의 위협으로 감수하고 살았다.

전해지는 이야기 가운데, 육지의 흑사병이 무서워 유럽인이 대거 바다로 뛰쳐나갔는데, 거기서 우연찮게 아메리카 대륙이 발견됐고 유럽인은 오랫동안 대양으로 격리된 아메리카 대륙에다 유라시아 대륙의 세균과 바이러스를 쏟아부은 매개체가 되었으며, 또 역으로 아메리카 대륙에서 유럽으로 매독을 매개했다는 설이 있다. 유럽과 아메리카 간의 전염병 '거래'의 결과는 아메리카 쪽이 크게 손해를 본 것으로 보이며, 20세기까지 '전염병 트랩'에서 가장 성공적으로 살아남은 곳이 유럽이라는 데에는 큰 이견이 없을 것이다. 다만 코로나19가 잦아들고 난 뒤의 결과는 아직 나오지 않았고, 최종적인 변화를 확인하려면 적잖은 시간이 필요하다.

대륙 간 전염병 대차대조표상으로 유럽이 덜 '손해'를 보았다고 얘기할 수도 있겠지만, 당시 사람들이 겪은 고통은 아메리카는 물론이거니와 유럽에서도 그렇게 건조하게 말할 수 있는 수준은 결코 아니었다. 몽테스키외는 흑사병을 언급한 '풍토병에 관한 법' 대목에서, 흑사병을 논하기에 앞서 한센병에 이어 다른 전염병을 언급한다.

이 병을 영속시킨 것은 황금욕이었다. 사람들은 끊임없이 아메리카로 건너가 그곳에서 언제나 새로운 병균을 가지고 돌아왔다.

−샤를 드 몽테스키외, 《법의 정신》 제14편 〈법과 풍토의 관계〉
제11장 '풍토병에 관한 법'

이 병은 맥락상 매독으로 추정된다. 유럽인을 바다로 내몬 원인이 흑사병인 줄은 확언할 수 없으나, 아메리카 대륙 발견 이후 그곳으로 유럽인이 달려간 이유가 은과 금 때문임은 분명하다. 그런데 상업과 상업 정신을 찬미한 몽테스키외도 황금욕에 대해서는 호의적이지 않은 듯하다. 이것은 몽테스키외가 황금과 가치, 정복과 교역 사이의 차이를 알고 있었음을 뜻한다. 이 차이는 중상주의와 고전주의 경제학 사이의 구별로도 이어진다. 애덤 스미스, 데이비드 리카도와 같은 고전주의 경제학자들은 가치, 시장, 무역 등의 개념에 천착하여 자본주의의 이념적 토대를 구축했다.

'페스트 트랩'을 빠져나온 동시에 중세 신분제와 장원제에서 탈피한 유럽을 기다리고 있던 것은 자본주의였고, 국민국가였으며, 세계화의 전前 단계 혹은 원형인 제국주의였다. 이 새로운 근대체제는 거침없이 발전하고 질주하여 중세의 흑사병이 유행한 범위보다 더 넓게 퍼져나가 번성하게 된다. 몽테스키외 또한 근대체제를 촉발케 하는 데 기여했다. 그는 상당한 통찰력을 가지고서, 다가올 시대의 패러다임을 예감했다. 앞선 상업에 관한 인용문 중 "모든 인간 행위나 온갖 도덕적 덕성도 거래 대상이 되며"라는 언급은 현재의 시대상을 정확하게 지목한다. 몽테스키외를 비롯한 당대의 많은 지식인이 상업 정신을 찬양한 것을 지금 기준으로 비난하기는 힘들다. 그들은 상업 정신에 힘을 실어줌으로써 근대 이전의 구습에 대항하는 새로운 체제에 대한 기대를 표명했다. 확실히 그들이 고대한 새로운 체제는, 봉건적인 구질서를 극복함으로써 더 많은 자유와 풍요를 가능케 할, 그 시대를 기준으로 현실적인 방안이었다. 그러나 최선의 방안은 아니었다. 그들의 기대대로 실제로 상업 정신이 충만한 세계가 도래했고 사람들은 더 많은 자유와 더 많은 풍요를 얻었지만, 동시에 상대적으로 더 많은 억압과 더 많은 빈곤 또한 찾아왔다. 그들이 꿈꾼 세상은 상업 정신으로 인류가 해방되는 그런 세상이었겠으나, 근대의 현실은 자본만이 해방된 세상으로 판명 난다.

그때는 맞고 지금은 틀린 것일까. 그렇다기보다는 그때는 부분적으로 맞고 부분적으로 틀렸으며, 지금은 틀리다. 그럼에도 그들의 의견은 근대 자본주의의 주류 입장으로 자리 잡았다. 상업 정신에 전적으로 기대지 않고 다른 경로를 모색한 입장은 지금까지도 비주류 취급을 받는다.

모든 것을 계량화하고 시장화하여 비非시장 가치를 사회에서 축출한 현재의 신자유주의는, 그 폐해에 대한 오랜 비판과 여러 차례 시스템상의 위기에도 굳건히 살아남았다. 신자유주의가 정상적인 패러다임인지, 아니면 맬서스 논의의 연장선상에 있는 기이한 형태의 '덫'인지는 논쟁거리다. 그동안 제법 긴 시간에 걸쳐 인류는 이 주제를 두고 찬반으로 나뉘어 격렬한 논쟁을 벌였다. 그러나 논쟁은 논쟁으로 끝났고, 신자유주의는 자체의 동력으로 여전히 불패의 전진을 계속하고 있다.

2019년 말 느닷없이 등장한 새로운 팬데믹은 이 전진을 일거에 중단시켰다. 코로나19로 말미암아, '신자유주의 패러다임'이든 '신자유주의 트랩'이든 이 무시무시한 체제를 지탱한 핵심 요소의 상당수가 무력화했다. 과연 2019년 말부터 2021년에 이르는 이 시기는 지구촌에 (재앙의 측면보다는 패러다임의 측면에서) '유럽의 1347년'과 같은 의미로 기록될 것인가? 그렇다면 중세의 '페스트 트랩'처럼 현재의 '코로나 트랩'은 우리에게 전혀 새로운 시대의 가능성과 변혁의 전망을 제공할 수 있을 것인가, 아니면 세계가 더 악화한 과거 체제로 회귀하고 말 것인가? 답은 누구도 모른다. 미래에 관해 어떤 확정된 답을 제시하는 사람은 예언자가 아니라면 사기꾼이거나, 조금 예쁘게 보면 장사꾼이다. 왜냐하면 미래의 답은 현재의 행위에 따라 언제나 달라지고, 현재의 행위는 우리의 선택에 달려 있기 때문이다.

우리가 어떤 선택을 해야 미래에 더 나은 답을 얻을 가능성을 높일 수 있을까. 이 정도만이 우리가 얻을 수 있는 최선의 답이다.

코로나19와 치르는 싸움에서 일상적으로
강제되거나 권장되는 '사회적 거리두기'와
자발적이고 강제적인 '격리'는 '고립된 나'라는
현대인의 숙명을 다시 한번 두드러지게
인식하게 하는 계기가 된다.

2부

코로나 시대

③ 마스크는
보건용품이자 정치의 장이다

코로나19 팬데믹 국면에서 국가원수들 가운데 뉴스에 가장 자주 오르내린 인물은 단연 미국의 도널드 트럼프Donald Trump 대통령이다. 트럼프 대통령의 방역 리더십은, 트럼프를 제외한 사람들에게서는 보나 마나 낙제점일 것이다. 이런 상황을 말해주는 사례는 몹시 많다. 가십성이긴 하지만 심지어 트럼프의 헤어스타일까지 비난받을 정도였다.

특별할 것 없는 트럼프의 머리 모양이 화제에 오른 이유는, 이웃 나라 캐나다의 쥐스탱 트뤼도Justin Trudeau 총리의 헤어스타일이 언론의 주목을 받으며 자연스럽게 비교 대상이 되었기 때문이다. 트뤼도 총리는 미용실 방문을 금지한 봉쇄령에 따라 일반 주민과 마찬가지로 머리카락을 자르지 않았다. 그리하여 2020년 6월 중순 봉쇄령이 해제될 때까지 한동안 그의 덥수룩한 곱슬머리가 언론에 그대로 노출되었고, 정치적 연출이었든 무엇이었든 간에 이런 처신은 결과적으로 캐나다 국민들로부터 좋은 점수를 받았다. 반면 가수 설운도를 연상시키는 트럼프 대통령의 머리 모양은 한결같았고 특히 트뤼도 총리의 머리 모양과 비교되어 CNN 등 미국 언론의 도마위에 올랐다. 전속 이발사가 있는 미국 대통령이니 머리 모양은 그러려니 하더라도, 인파가 몰리는 곳은 피하라는 트럼프 행정부의 가이드라인을 스스로 지키지 않은 것은 물론이고 선거 캠페인을 위해 자신이 직접 군중을 불러 모으는 등 '역행'으로 트럼프는 끊임없이 물의를 빚었다.

이런 역행 가운데 가장 눈에 많이 띄었을뿐더러 코로나19 시기 트럼프의 방역 리더십의 실상과 그의 개인적 특징을 여실히 보여준 것은 '마스크'였다. 그의 일관된 마스크 기피는 꾸준히 입방아에 올랐다. 미국 질병통제예방센터CDC가 자발적 마스크 착용에 관한 권고를 내린 2020년 4월 3일로부터 꼭 100일 만인 7월 11일, 트럼프 대통령은 메릴랜드주의 월터리드 국립 군의료센터Walter Reed National Military Medical Center를 방문한 자리에서 처음으로 마스크를 착용한 채 일정을 소화했다. 이로써 '트럼프 마스크' 논란은 일단락됐다. 그러나 미국에서 '마스크 착용'은 트럼프 대통령 개인의 문제로 그치지 않았고 감염 예방과 무관한 인종차별 이슈로도 비화하면서 의도치 않게 미국 사회의 치부를 드러내는 계기가 됐다.

미국인이 마스크 착용을 기피하는 이유

결국 도널드 트럼프 미국 대통령은 코로나19에 걸리고 만다. 그렇게 마스크 쓰기를 싫어하고 방역 방침을 무시로 일관한 트럼프 대통령은, 미국 대통령 선거를 한 달 앞둔 2020년 10월 2일 코로나19 확진 판정을 받으면서 대선 가도에 일대 파란을 일으켰다.

민주당 조 바이든Joe Biden 후보에 밀리는 상황이라, 집중 치료를 받은 트럼프는 열흘 만에 다시 유세에 나섰다. 그는 자신의 최대 약점인 부실 방역을 스스로 쟁점화한 뼈아픈 실책을 만회하기 위해 10월 10일 코로나19 확진 이후 처음으로 백악관에서 공개 행사를 열어 바이든 후보에 색깔 공세를 가하는 데 주력했다.

트럼프는 이날 연설에서 "흑인과 라틴계 미국인들은 급진적인 사회주의 좌파를 거부한다"며 "좌파가 권력을 잡으면 전국적인 법 집행 반대 운동을 시작할 것"이라고 말했다. 그는 "우리나라가 사회주의 국가가 되도록 놔둘 수 없기 때문에 매우, 매우 큰 유세를 시작할 것"이라며 선거 캠페인 재개의 강행을 선언했다.

이날 유세는 코로나19와 관련해 또 한 번 논란이 됐는데, 행사장에 마스크를 쓰고 나타난 트럼프가 마스크를 벗고 "기분이 좋다"면서 연설을 시작했기 때문이다. 물론 군중과 멀리 떨어진 백악관 발코니에 서서 연설하는 방식을 취하긴 했지만 문제의 장면임은 분명하다. 그 후로도 트럼프는 때로 마스크를 착용하지 않은 모습을 보였다. 또한 "코로나19를 겁내지 말라" "백신이 나올 것이기에 바이러스는 사라질 것" 등 그는 세계에서 가장 많은 코로나19 희생자를 낸 국가의 수반 치고는 매우 무책임한 발언을 계속했다.

버락 오바마Barack Obama 전 미국 대통령이 바이든 후보 지지 연설에서 "그(트럼프)는 자신을 보호할 기본적 조처조차 할 수 없다"며 "그가 초기에 일했다면 우리는 상황이 이렇게 나빠지는 것을 절대 보지 않았을 것"이라고 비판한 것은 트럼프의 확진과 방역 실패를 동시에 겨냥했고, 타당한 지적이었다. '기본적 조처'에는 아마 마스크 착용이 포함될 것이다. 만일 마스크 착용이라도 제대로 했다면, 트럼프는 '아버지 부시' 이후 28년 만에 재임에 실패한 대통령으로 기록되는 수모를 피할 수 있었을까? 민주당의 조 바이든이 46대 미국 대통령에 당선되긴 했지만, 예상보다는 두 후보 간의 격차가 작았기에 드는 생각이다. 한동안 선거 결과에 승복하기를 거부하며 몽니를 부린 트럼프도 이런 생각을 했을까? 안 하지는 않았지 싶다.

마스크가 인간 삶에 들어온 최초 시점은 알 수 없다. 아마도 오래전부터 사람들은 화재 등 재난에 직면하여 본능과 필요에 따라 마스크 기능에 해당하는 무언가를 사용했을 것이다. 지금의 마스크는 1836년 영국 의사 줄리어스 제프리스Julius Jeffreys(1800~1877)가 고안해냈다. 동인도회사에서 의사로 일하다 1835년 귀국해 런던에 정착한 제프리스는, 폐질환으로 고통받던 자신의 여동생을 위해 '호흡기Respirator'라 이름 붙인 의료용품을 발명했다. 특허(특허번호 10287)까지 받은 이 '호흡기'는 공기의 온도와 습도를 조절해 폐질환을 가진 환자의 호흡을 도와준, 오늘날 우리가 쓰는 마스크의 원형이라 할 수 있다. '호흡기'는 매우 인기를 끌었지만 착용에 반대하는 의료계의 목소리 또한 만만치 않았는데, 반대 이유는 '호흡기'가 의사의 처방전 없이 약국에서 판매될 수 있었기 때문으로 전해진다.

이후 다양한 형태의 마스크가 개발됐고, 1918년 스페인 독감이 세계 각국에서 만연하자 전염병의 감염과 전파를 막기 위한 마스크 착용이 권장됐다. 그러나 스페인 독감이 잠잠해짐에 따라 서구에서는 마스크 사용 또한 잦아들었는데, 코로나19가 세계 전역에서 유행하는 오늘날 100년 만에 마스크 착용을 둘러싼 대대적인 혼선이 빚어지고 있다.

한국은 서구와 달리 마스크 사용에 익숙한 편이다. 1950년대 이후 한국인은 독감이 유행하거나 감기에 걸렸을 때 흔히 마스크를 썼다. 21세기에 들어서는 미세먼지와 초미세먼지 예보, 보건용 마스크 생산설비의 대대적 확충과 함께 마스크가 생활필수품으로 자리 잡았고, 2009년엔 '황사방지용 및 방역용 마스크의 기준 규격에 대한 가이드라인'이 제정됐다. 이것이 널리 알려진 'KF Korea Filter' 규격이다. 하지만 코로나19가 돌기 시작한 이후 상황은 더욱 달라졌다. 서울대학교 보건대학원 연구팀 설문조사에 따르면 2015~2016년 메르스 MERS (중동호흡기증후군) 사태 때 마스크를 썼다는 사람의 응답 비율은 35.3퍼센트인 데 비해, 2020년 코로나19 사태 초기에는 이 비율이 81.2퍼센트로 급격히 높아졌다.

이렇게 볼 때 전화위복이란 말까지는 과하지만, 코로나바이러스 급습에 앞서 미세먼지가 한국인에게 마스크를 착용케 하는 예행연습을 시켜주었다고 말해도 틀린 얘기는 아니다. 강제하지 않아도 알아서 일사불란하게 마스크를 쓰기 시작한 한국인의 행태는 사회학적 현상으로 보일 소지가 다분했다. 왜 이것이 사회학적 현상이며 그 이유가 무엇인지를 두고 의견이 분분한데, 다행히 이 현상이 감염병 예방에 도움이 되는 것으로 밝혀졌다는 사실만 우선 언급해두겠다.

미국은 한국과 달리 예행연습을 할 기회를 갖지 못한 데다 마스크와 관련하여 부정적 역사를 쌓은 탓에, 마스크를 착용했어야 할 시점에 마스크를 착용하는 대신 마스크 착용을 두고 논란을 이어갔다. 앞서 살펴본 대로 2020년 4월 3일 미국 질병통제예방센터가 기존 견해를 번복하여 마스크 착용을 권장했지만, 미국의 방역 총책임자인 대통령마저 마스크를 쓰기까지 100일을 미적거릴 정도로 마스크는 사회적 논쟁 대상이었다. 정확히 측정하긴 어려울 텐데, 이에 따라 감염 확산을 비롯해 미국 사회가 치른 사회적 비용이 결코 적지 않았을 것으로 추정된다.

한국에서도 마스크 착용을 두고 이런저런 소동과 논란이 있긴 했지만 미국에 비할 바는 아니다. 2020년 5월 1일 미국 미시간주 플린트의 어느 상점에서는 마스크 착용을 둘러싸고 총격 사건이 일어났다. 상점 경비원은 매장을 찾은 여성 손님에게 미시간주 행정명령에 따라 마스크를 착용해달라고 요구했다. 그러자 이 여성은 경비원과 마스크 착용 여부를 두고 말다툼을 벌였고, 흥분한 상태로 매장을 나갔다가 잠시 후 자신의 남편과 아들을 데리고 매장으로 돌아왔다. 경비원과 이 가족이 다시 언쟁을 벌이던 와중에 여성의 아들이 경비원에게 총을 쐈고, 머리에 총상을 입은 경비원은 인근 병원으로 옮겨졌으나 숨졌다.

이어 5월 2일에는 캘리포니아주 샌디에이고에서 한 남성이 'KKK Ku Klux Klan' 복면을 쓰고 식료품 매장을 돌아다녀 논란이 됐다. 공공장소에서 얼굴을 가릴 수 있는 가리개나 마스크를 하라는 샌디에이고 카운티의 행정명령이 1일 발효하자 이 남성은 마스크 대신 눈만 뚫려 있는 KKK 복면을 쓰고 돌아다녔다. KKK는 미국의 대표적 백인우월주의 단체이자 인종혐오 범죄집단이다. 독일에서 나치가 그러하듯, 미국에서 KKK는 금기다. 언론 보도에 따르면 이 남성은 KKK 복면을 벗으라는 매장 직원의 요청을 계속 묵살했다. 행정명령을 조롱한 셈이다. 결국 그는 경찰 조사까지 받게 됐다.

두 사건은 미국인의 마스크 기피 심리 유형을 보여주는 상징적 사례다. 살인까지 초래한 첫 번째 사례는 미국인의 심리에 강력하게 자리한 개인 자유의 절대시 경향을 보여준다. 자유주의로 대변되는 영미 전통의 맥을 계승한 문화 현상이라고 해도 크게 틀리지 않을 것 같다. 에머리대학에서 법학 및 공중보건학을 가르치는 폴리 프라이스 Polly J. Price 교수는 2020년 5월 5일 BBC와의 인터뷰에서 "미국은 개인의 권리 보장에 관한 오랜 전통을 가지고 있다"며 "일부 미국인들은 미국 정부의 마스크 착용 의무화 조치를 개인 권리의 침해로 받아들인다"고 말했다.

미국인의 마스크 기피 심리를 역사적 맥락에서 이해해야 한다는 견해도 설득력 있다. 미국에서 마스크는 개인의 취향과 무관하게 공공적으로 바람직하지 못한 것으로 간주되는데, 단적으로 미국의 적지 않은 주에서는 공공장소에서 마스크 착용을 금지하는 '복면금지법anti-mask law'을 제정·시행하고 있다. 연원은 소설《바람과 함께 사라지다》에도 등장하는 KKK단으로, 이들은 널리 알려진 그 복면을 쓴 채 흑인을 대상으로 잔혹한 혐오범죄를 저질렀다.

미국 미니애폴리스의 세인트토머스대학 법학과 로버트 칸Robert Kahn 교수는 〈뉴욕 타임스The New York Times〉를 통해 "미국인은 KKK의 역사 때문에 마스크를 쓴 사람들을 믿지 않는다"고 밝히며, "종종 법원은 마스크를 쓴 사람이 범죄를 저지를 확률이 높다고 판단했다"고 분석했다. 앞서 살펴본 샌디에이고 매장의 KKK 복면 소동은 이런 역사적 배경에서 이해되어야 한다. 아마도 그 남성은 인종혐오를 드러내는 일종의 반어적 행위예술에 기대어 극단적 자유주의를 주장하기 위해 마스크를 썼을 법하다.

마스크 잔혹사

마스크 착용을 "자유 박탈, 취약성 표출로 여기는"(CNN) 부정적 분위기가 만연한 미국·유럽 등 서구 역시 코로나19의 확산 속에서 끝내 마스크를 거부할 수는 없었다. 코로나19가 미증유의 글로벌 위기임이 확인되자 '마스크 착용'은 글로벌 스탠더드가 되었다.

마스크 착용과 관련하여 가장 극적인 장면은, 한동안 코로나19 확진자 규모상 각각 세계 1위와 2위 국가였던 미국과 브라질의 정상마저 마스크를 쓴 것이겠다.° 자이르 보우소나루Jair Bolsonaro 브라질 대통령은 트럼프 미국 대통령 못지않은 기행과 마스크 거부로 코로나19 국면에서 유명세를 치렀는데, 결국엔 두 사람 모두 고집을 꺾을 수밖에 없었다.

트럼프 대통령이 질병통제예방센터로부터 마스크 착용을 권고받고 100일 만에야 스스로 마스크를 쓴 것은 물론, 국민에게 본격적으로 마스크 착용을 권고하는 등 태세를 전환했다면, 보우소나루 대통령은 코로나바이러스에 감염돼 자기 의

° 미국에 이어 한동안 코로나19 확진자 수 2위 국가였던 브라질은 인도의 확진자 규모가 늘어나며 3위로 밀렸다. 세 나라의 확진자 규모가 압도적이어서 코로나 사태가 종식된 다음에도 이변이 없는 한 미국·인도·브라질이 '코로나19 빅3'로 기록될 전망이다.

사와 무관하게 마스크를 쓰게 됐다. 아메리카 대륙의 두 대국인 미국과 브라질에서 코로나19 확진자가 대대적으로 발생한 것과 두 나라 정상의 마스크 기피가 꼭 연관이 있다고 할 수는 없겠지만 흥미로운 유비를 보여준 것은 사실이다. 나중에 트럼프 대통령이 확진 판정을 받게 되어 두 정상이 확진자 명단에 이름을 올린 것 또한 공통점이다.

물론 보우소나루 대통령이 부적절하게 처신했다고 해서 브라질 전체가 코로나19 대처에 미온적이었던 것은 아니다. 브라질에서 가장 많은 인구(4,500만 명)가 거주하는 상파울루주는 마스크 착용을 강제하기 위해 강경한 조치를 시행했다. 주 정부는 2020년 5월 7일 주 내 전 지역에서 마스크 착용을 의무화하면서, 위반 시 사안의 경중에 따라 276헤알(약 6만 원)에서 27만 6,000헤알(약 6,000만 원)까지 벌금을 부과하거나 최대 1년간 구금하도록 했다.

여기서 분명히 할 것은 앞서 캘리포니아주 샌디에이고의 KKK 복면 착용 사건에서 살펴보았듯, 코로나19에 대처하기 위한 방역 목적의 마스크와 자기 신분을 감추기 위한 정치적 마스크는 다르다는 점이다. 사소한 문제는 방역 마스크든 정치적 마스크든 영어로는 똑같이 'mask'라 불린다는 데서 비롯한다. 다시 말해 우리 관념으로 트럼프가 쓰는 '마스크'와 KKK단이 쓰는 '복면'은 다른 사물이고 다르게 표기될 수 있는 데 반해, 영어에서는 다른 사물이지만 같은 단어로 표기된다. 기표와 기의의 불일치가 나타나는 셈이다.

미국의 '복면금지법'은 얼굴에 하얀 복면을 뒤집어쓰는 것으로 유명한 KKK단을 겨냥한 조치로서, 1845년 뉴욕주에서 처음 제정되었고 이어 20세기 중반 여러 주에 도입되었다. 이후 '복면금지법'은 캐나다를 비롯해, 독일·이탈리아·프랑스 등 유럽의 많은 국가에 전파되었으며 21세기 현재 서구의 적잖은 지역에서 시행되고 있다.

'복면금지법'은 '금지'를 내용으로 하는 법인 만큼 분명 개인의 자유를 침해한다. 그러한 침해에도 불구하고 법 시행을 통해 더 큰 공공성을 획득할 수 있다는 믿음이 있기에 입법은 정당성을 갖는다. 미국의 '복면금지법'은 백인우월주의 집단에 의한 인종혐오 범죄를 막는다는 분명한 입법 취지가 있었고, 유럽의 '복면금지법' 가운데 매우 강력한 축에 속하는 프랑스의 '부르카 금지법' 입법은 공공장소에서 히잡이나 부르카 같은 이슬람 여성의 복식服飾을 금지함으로써 여성 인권을 신장하는 동시에 헌법 정신을 구현한다는 명분을 내걸었다.

'부르카 금지법'은 개인의 종교 자유와 신앙에 따른 복식 선택의 자유가 보편적 여성 인권을 침해한다고 판단했다. 히잡이나 부르카를 착용하는 것이 개인의 자유에 속한다기보다는 개인의 자유로운 의사결정을 넘어선 억압의 영역에 해당한다고 보았기 때문이다. 존 스튜어트 밀John Stuart Mill의《자유론On Liberty》에서 '자유를 침해할 자유'를 인정하지 않은 것과 같은 논리다.

'부르카 금지법'은 시민적 인권에 관한 고려 외에도 공동체의 정체성을 확고히 해야 한다는 요구, 즉 프랑스 헌법 정신을 입법의 핵심 근거로 내세웠다. '라이시테 laïcité' 또는 '라이시슴 laïcisme'은 정교政教분리 원칙으로 프랑스 헌법 정신의 하나다. 프랑스 헌법 제1조 제1항은 "프랑스는 불가분적·비종교적·민주적·사회적 공화국"이라는 말로 시작한다. '부르카 금지법'은 바로 이 '비종교적 공화국'을 뜻하는 헌법 정신 '라이시테'에 의거하여, 공공장소에서 히잡이나 부르카를 착용하는 등의 이슬람 신앙 표명을 금지한 법이다. 말하자면 '라이시테'와 신앙의 자유, 보편적 여성 인권과 개인 복식 선택의 자유 사이에 충돌이 일어났을 때 각각 전자의 가치가 후자의 가치를 이긴 것이다.

홍콩의 '복면금지법'은 유럽과 미국의 '복면금지법'과는 다른 맥락에 위치한다. 2019년 6월 시작된 '범죄인 인도법 개정안 반대 시위'가 100일을 넘어 장기화하자, 홍콩 정부는 시위 확산을 막기 위해 2019년 10월 5일 마스크 착용을 금지하는 '복면금지법'을 시행했다. 위반 시 최고 1년의 징역이나 2만 5,000홍콩달러(약 380만 원)의 벌금형에 처할 수 있도록 한 홍콩의 '복면금지법'은, 대중의 의사표시를 위축시킬 목적으로 시행되었기에 홍콩 내에서는 물론 국제적으로도 비판을 받았다. 게다가 홍콩 법원이 이 법을 위헌으로 판결하고, 예기치 않은 코로나19가 확산되면서 '복면금지법'을 둘러싼 상황은 매우 복잡해졌다. 코로나19라는 돌발 변수에 국한해 보더라도, 바이러스에 대응하여 전 세계에서 마스크를 권장하고 나아가 벌금까지 물리면서 강제하는 판에 오히려 정치적인 이유로 마스크를 쓰지 못하게 하겠다는 홍콩 정부의 입장은 정당성을 얻기 어려워 보인다.

미국 노스캐롤라이나주 사례 또한 혼란스럽고 복잡한 맥락에 있다. 코로나19가 유행하자 로이 쿠퍼Roy Cooper 노스캐롤라이나주 주지사가 단행한 '복면금지법' 적용 유예는 홍콩 정부의 조치와 정반대다. 홍콩 정부는 없는 법을 만들어 사람들 얼굴에서 마스크를 걷어내려고 한 반면, 노스캐롤라이나주 정부는 있는 법의 효력을 중지시켜 사람들 얼굴에다 마스크를 씌우려고 했다. 일반적인 평가는 전자가 정치적 의도를 개입시킨 퇴행이라면 후자는 국민의 안전과 건강을 배려한 적절하고 전향적인 조치이지 싶다. 쿠퍼 주지사의 조치 이후 개인의 자유와 공공의 안전이라는, 예의 그 상반된 가치를 두고 공화당과 민주당이 대립한 것은 코로나19 국면 미국 사회에서 볼 수 있는 흔한 장면이었다.

코로나19 국면에 등장한 미국의 '마스크 논쟁'은 확실히 유별난 풍경이다. 애초에 마스크를 쓰는 것을 금지한, 즉 공공적 목적을 위해 개인의 자유를 침해한 조치가 시간이 흘러 개인의 자유로 전환되어버린 후 '금지를 금지하는' 방식의 자유의 환원이 자유의 침해로 비난받는 역설이 발생한 것이다. 미국 전역에서 마스크 착용 의무화를 두고 입씨름을 벌이던 와중에 애리조나주의 한 의원이 마스크 착용 의무화 반대 시위에 참여하여 "숨을 쉴 수가 없다I can't breathe"고 발언한 일은

이 풍경의 그로테스크 버전이다. 미국인은 물론 세계인에게도 널리 알려진 이 말은 흑인 남성 조지 플로이드George Floyd가 백인 경찰의 강압적인 목조르기 체포 과정에서 숨지기 직전에 했던 발언으로, 그의 죽음 이후 미국 전역으로 번진 인종차별 반대 시위를 상징하는 구호로 활용되었다. 아마도 재치를 자랑하기 위한 것이었을 이 의원의 요설은 결국 거센 비판을 받았다.

지각없는 개인의 문제 발언에 묻어난 상이한 역사적 맥락은 미국 '마스크 논쟁'의 곤경을 암시한다. 흑인에게 폭력을 행사할 때 백인이 마스크를 쓴 풍경은, 복면을 금지함으로써 야만적 인종차별을 방지하고자 한 역사 발전의 후경이다. 불법적 체포 과정에서 백인 경찰에 목이 눌려 숨진 무고한 흑인 시민 플로이드가 죽기 전에 간신히 내뱉은, 유언이 된 필사적 항변 "숨을 쉴 수가 없다"는 코로나19 국면에서 엉뚱하게도 '마스크 금지'를 지지하는 구호로 사용되기에 이른다.

코로나19의 확산과 함께 미국 대통령 선거 또한 본격화하자 민주당 쪽에서 트럼프 대통령의 백인우월주의 성향을 문제 삼으며 "트럼프는 KKK"라고 비난한 대목도 역사의 아이러니다. 미국 역사를 살펴보면 KKK단의 뿌리는 민주당 쪽에서 발견되기 때문이다. KKK라는 비난을 받은 트럼프가 마스크를 쓰지 않으려 하고, 그를 KKK라고 비난하는 사람들이 마스크를 쓰려 한 것도 대비라면 대비라고 하겠다. 역사는 때로 당혹스러운 방식으로 과거를 상기시킨다.

마스크의 정치학

코로나19와 관련한 미국의 마스크 착용 논란은 역사적 맥락과 후경을 떠나면 그 자체로는 완전히 코미디에 가깝다. 그러나 코미디에 집중하느라 마스크, 정확하게는 복면 성격의 마스크가 역사적 맥락과 후경 속에서 심각한 정치적 함의를 가진 적이 많았다는 사실을 간과해서는 안 된다. 그것은 주로 공공장소에서 정치적 의견을 표시할 때 마스크를 써서 신원을 숨기는 것을 법으로 금지할 수 있느냐, 없느냐에 관한 논란으로 표출되곤 했다. 가장 최근 사례로는 앞서 살펴본 홍콩의 '복면금지법'이 있다.

홍콩의 '복면금지법'의 뿌리는 식민지 시대로 거슬러 올라간다. 1922년 선원 파업을 막기 위해 만들어진 '긴급상황규례 조례Emergency Regulations Ordinance'가 그 근거다. 흔히 '긴급법'으로 불리는 '긴급상황규례 조례'는 공공안전이 위험에 놓인 비상 상황일 때 입법회 승인 없이 행정장관이 법령을 시행할 수 있도록 한 제도이며, 이에 따라 행정장관이 시행하는 규례는 행정장관이 철회하기 전까지는 효력이 지속된다. 위헌 논란을 부른 2019년의 '복면금지규례Prohibition on Face Covering Regulation'는 '긴급상황규례 조례'에 근거해 제정·시행되었다.

혐오범죄 근절 혹은 헌법 정신 수호를 위해 개인이 마스크를 쓸 자유를 제한한 서구와 마찬가지로, 홍콩은 논란의 '복면금지법'을 통해 개인이 마스크를 쓸 자유를 제한했다. 마스크 착용의 금지 혹은 강제 자체보다는 그 목적이 정당성을 확보했느냐가 중요하다고 할 때, 공공성을 도외시한 채 정권 유지에만 초점을 맞춘 홍콩의 복면금지 조치는 '마스크 역사'에서 불미스런 사례에 속한다.

우리나라에서도 홍콩의 '복면금지법'과 비슷한 맥락에서 시위 중 마스크 착용 금지를 입법화하려고 시도한 적이 있다. 2003년 한국 경찰은 '집회 및 시위에 관한 법률' 개정안에 '복면을 쓴 집회 참여자에 대한 형사처벌' 조항을 넣어야 한다고 국회에 의견을 냈다. 복면을 쓴 이들이 시위에서 불법행위를 저지른 사례가 많다는 것이 그 이유였다. 이명박 정부 들어서 '집회·시위 선진화 방안'의 하나로 다시 추진된 한국판 '복면금지법'은 결국 강한 반대 여론에 부딪혀 입법이 좌절됐다.

마스크 착용은 코로나19나 미세먼지 같은 공중보건상의 필요에 의해서는 대체로 특별한 반대 없이 정당성을 얻게 된다. 또한 마스크를 금지함으로써 정치적인 의사표시가 심각하게 위축된다고 판단될 때도 마스크 착용은 불가피한 것으로 받아들여진다. 이때의 마스크 착용은 표현의 자유라는 헌법적 가치와 연결된다. 그리하여 미국 '월스트리트 점령' 시위, 2019~2020년 홍콩 시위, 2018년 한국 재벌 한진 일가의 전횡에 반대하는 시위 등에 등장한 마스크나 '가이 포크스' 가면은 대체로 표현의 자유를 위한 방편으로 간주되었다. 반면 흑인에게 린치를 가할 때 KKK단이 쓴 무시무시한 하얀 복면은 인종혐오나 야만적 폭력과 관련될 뿐, 표현의 자유와는 무관하다.

다만 현실의 '정치적 마스크'는 가이 포크스 가면과 KKK 복면으로 간단히 양분되지 않는다. 민주주의와 표현의 자유를 국가체제의 근간으로 하는 서구를 기준으로 해도 꽤 많은 나라에서 폭동이나 불법시위에서 얼굴을 가린 행위를 (실제로 처벌하는지는 논외로 하고) 사법적 처벌의 대상으로 규정했다. '정치적 마스크'라고 할 때 어떤 마스크가 표현의 자유에 해당하며 또 어떤 마스크가 공공의 안전에 위해가 되는 것인지는 부분적으로 사법적 판단에 의존하지만, 대부분 상황논리에 의존한다는 게 아마 진실일 것이다. 익명성의 정치가 민주주의에서 불가결한 요소라면, 즉 얼굴을 가릴 경우 입이 자유로워지는 것이 어느 정도 사실이라면 '정치적 마스크'는 폭넓게 인정되어야 한다고 본다.

마스크의 정치학이 비이성적인 광기와 직면하게 되는 곳은 다시 미국이다. 미국에서는 보건용 마스크조차 정치적 마스크와 기이하게 조우하며, 코로나19에 걸리지 않기 위해 마스크를 썼다가 오히려 더 안전을 위협받는 사람들이 있다. 그들이 바로 흑인을 필두로 한 유색인종 미국인들이다. 경찰 등 공권력에 의한 인종차별과 피부색에 따른 과잉대응으로 흑인이 목숨까지 잃는 사례가 부지기수인 미국에서, '흑인인 미국인African-American'은 코로나바이러스의 위험에 대응해 마스크를 쓸 때 자신이 경찰에 의해 범죄자로 간주되는 또 다른 위험을 우려한다. 특히 코로나19가 본격화한 시점인 2020년 5월 25일 미니애폴리스에서 조지 플로이드가 사망하면서 흑인들의 이러한 우려는 더 강해졌다.

2020년 4월 9일 〈워싱턴 포스트The Washington Post〉는 마케팅 컨설턴트로 일하는 53세의 킵 딕스Kip Diggs 사례를 전하면서, 마스크 착용을 통해 흑인이 겪는 일상의 공포를 보도했다. 이 보도는 테네시주 내슈빌에 사는 딕스가 질병통제예방센터의 마스크 착용 권고 뒤 첫 외출을 감행할 때의 준비 상황을 다룬다. 딕스는 신중하게 고른 하늘색 반다나로 입과 코를 가렸다. "흑인으로서 내가 뭘 하는지 어디에 가는지를 인지해야 한다"는 그는 "외모는 문제가 된다"고 강조했다. 또 "분홍색과 연녹색, 하늘색 등을 사용함으로써 (남에게) 위협적인 인물로 보이지 않도록 노력한다"며 "가능한 한 (나에게 닥칠) 위험을 줄이고 싶다"고 말했다.

미국 웰즐리대학 마이클 제프리스Michael Jeffries 교수는 "팬데믹이 시작되면서 인종주의가 강해졌고, 처음에는 감염의 원천으로 지목된 아시아계 미국인이 타깃이었다"고 〈워싱턴 포스트〉에 밝혔다. 강해진 인종주의는 시간이 흐르면서 미국 사회의 오랜 공격 대상인 흑인을 다시 호출하기에 이른다. 제프리스 교수는 "흑인은 모자 달린 티셔츠만 입어도 범죄자 취급을 받게 된다"면서 "허리케인 카트리나 때도 흑인이 음식과 물품을 찾아 뒤지다가 약탈자로 내몰렸지만 백인은 똑같은 일을 해도 피해자 대우를 받았다"고 지적했다.

테레사 헤일리Teresa Haley 전미유색인지위향상협회NAACP 일리노이지부 회장은 "예전에는 흑인이 운전을 하거나 걸어 다녀서 문제였는데 이제는 흑인이 마스크를 쓴다고 문제가 되고 있다"고 말했다. 마스크를 쓴 흑인이 경찰 등에 의해 잠재적 범죄자로 몰릴 공산이 크다는 미국의 상황은, '코로나 리스크'를 줄이려고 마스크를 쓰면 '인종 리스크'가 커지고 '인종 리스크'를 줄이려고 마스크를 쓰지 않으면 '코로나 리스크'가 커지는 진퇴양난으로 흑인을 몰아넣었다.

한국인 마스크 착용의 사회심리학

한국엔 현재 인종문제가 미미하고 인종차별과 관련한 역사적 비극의 흔적 또한 거의 없기 때문에 마스크 착용을 둘러싼 심각한 정치적인 논쟁이나 대립은 없다. 코로나19 국면 이후 대중교통 수단이나 각급학교 교실 등에서 마스크를 쓰는 것은 필수이고, 숨이 턱턱 막히는 한여름에도 마스크를 착용한 채 길을 걸어가는 사람을 흔히 볼 수 있다. 그렇다면 이처럼 통일된 행태를 보이는 한국인들의 마스크를 쓰는 심리 또한 동일한 것일까?

한국리서치는 2020년 6월 19~22일 전국의 만 18세 이상 남녀 1,000명을 대상으로 마스크 착용 이유에 관해 조사하고,

7월 8일 그 결과를 발표했다. 해당 보고서 〈마스크 착용의 사회심리학: 사람들이 마스크를 착용하는 이유〉에 따르면 크게 보아 앞서 다른 나라에서 목격된 것과 같은 정치적 배경은 거의 없고, 보건 목적의 마스크 착용이 대부분이었다.

먼저 '어떤 장소에서 마스크를 착용해야 하는가'라는 질문에 한국인은 집을 빼고는 거의 모든 장소에서 마스크를 써야 한다고 답했다. '지하철, 버스 등 대중교통'과 '마트, PC방, 학원, 교회 등 실내 다중이용시설'에서 마스크를 착용해야 한다고 응답한 사람은 전체 응답자 가운데 99퍼센트였다. 두 공간에서 '마스크를 반드시 착용해야 한다'고 응답한 사람은 각각 93퍼센트, 91퍼센트였으며, 마스크를 '반드시 착용해야 한다'와 '가급적 착용해야 한다'를 합한 비율이 대부분의 공간에서 90퍼센트를 넘었다. '길거리'에서 '마스크를 착용할 필요가 없다'고 응답한 사람은 7퍼센트에 불과했고, 절반 정도가 길거리에서도 '마스크를 반드시 착용해야 한다'고 응답했다.

'산, 바다 등 자연 녹지공간'에서도 70퍼센트 이상이 마스크를 써야 한다고 생각했다. 마스크로부터 유일하게 자유로운 공간은 '집'이었는데, 집에서도 마스크를 써야 한다고 응답한 사람의 비율은 낮았지만 그래도 10퍼센트를 넘은 점이 이채로웠다. 말하자면 코로나19 국면에서 한국인은 외부의 강제 없이 스스로 철두철미하게 마스크를 쓰겠다는 마음의 자세를 갖춘 셈이다. 이러한 인식과 실제 행동 사이의 괴리는 크지 않았을 것으로 보이며, 이는 한국의 코로나19 방역에 큰 도움이

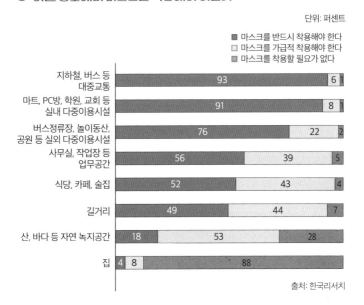

● 어떤 장소에서 마스크를 착용해야 하는가

단위: 퍼센트

■ 마스크를 반드시 착용해야 한다
□ 마스크를 가급적 착용해야 한다
■ 마스크를 착용할 필요가 없다

- 지하철, 버스 등 대중교통: 93 / 6 / 1
- 마트, PC방, 학원, 교회 등 실내 다중이용시설: 91 / 8 / 1
- 버스정류장, 놀이동산, 공원 등 실외 다중이용시설: 76 / 22 / 2
- 사무실, 작업장 등 업무공간: 56 / 39 / 5
- 식당, 카페, 술집: 52 / 43 / 4
- 길거리: 49 / 44 / 7
- 산, 바다 등 자연 녹지공간: 18 / 53 / 28
- 집: 4 / 8 / 88

출처: 한국리서치

되었을 것이다.

나이대별로 큰 차이 없이 마스크 착용을 받아들인 가운데, 길거리에서는 반드시 마스크를 착용해야 한다고 응답한 사람의 비율이 이삼십 대에서는 60퍼센트를 넘었지만 오륙십 대에서는 40퍼센트를 밑돌아 대조를 보였다. '중년 아저씨가 마스크를 가장 덜 착용한다'는 속설을 뒷받침하는 통계인 셈이다. 그러나 중년 아저씨가 실제로 마스크를 잘 착용하지 않는다기보다는 실외에서 착용 필요성을 덜 느낀다고 풀이하는 게

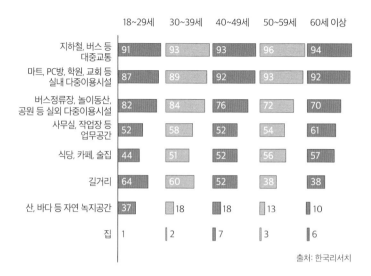

어떤 장소에서 마스크를 착용해야 하는가: 나이대별

단위: 퍼센트

	18~29세	30~39세	40~49세	50~59세	60세 이상
지하철, 버스 등 대중교통	91	93	93	96	94
마트, PC방, 학원, 교회 등 실내 다중이용시설	87	89	92	93	92
버스정류장, 놀이동산, 공원 등 실외 다중이용시설	82	84	76	72	70
사무실, 작업장 등 업무공간	52	58	52	54	61
식당, 카페, 술집	44	51	52	56	57
길거리	64	60	52	38	38
산, 바다 등 자연 녹지공간	37	18	18	13	10
집	1	2	7	3	6

출처: 한국리서치

타당한 분석이지 싶다.

장소 외에 대면 상황의 유형과 관련해서는 '같이 사는 가족'과 함께 있거나 '혼자 있을 때'를 제외하고는 마스크를 써야 한다는 인식을 보였다.

마스크 착용 이유는 예상대로 '코로나바이러스를 퍼뜨리는 것을 막기 위해서'(96퍼센트)와 '내가 코로나19에 감염되지 않기 위해서'(95퍼센트)가 '매우 그렇다' 및 '그런 편이다' 비율이 매우 높게 나타났다. 이러한 보건상의 필요라는 실용적 이

🏷 어떤 사람과 대면하고 있을 때 마스크를 착용해야 하는가

단위: 퍼센트

	18~29세	30~39세	40~49세	50~59세	60세 이상
낯선 사람	85	90	87	90	91
직장 동료	60	63	47	42	51
친구, 지인	48	49	40	39	40
친척	35	58	33	32	33
같이 살지 않는 가족	26	33	24	25	24
혼자 있을 때	7	6	8	8	10
같이 사는 가족	9	5	4	2	2

출처: 한국리서치

유 외에 '개인 위생 수칙을 잘 지킨다는 심리적 안정을 얻기 위해서'(87퍼센트)라는 심리적 이유, '정부, 보건 당국 등에서 마스크를 착용하라고 하기 때문'(77퍼센트)이라는 외부 요인, '다른 사람의 마스크 착용'(71퍼센트)과 '마스크 미착용 시 눈총'(68퍼센트) 등 귀속감정 및 시민의식이 복합적으로 영향을 미쳐 한국을 마스크 착용 모범국으로 만든 것으로 보인다.

한국리서치 조사 결과에 기대어 말하자면, 한국인은 앞서 살펴본 미국인, 특히 흑인과 비교할 때 확실히 마스크를 마스크 본래의 용도로서 파악하는 편이다. 그렇다 하더라도 한국

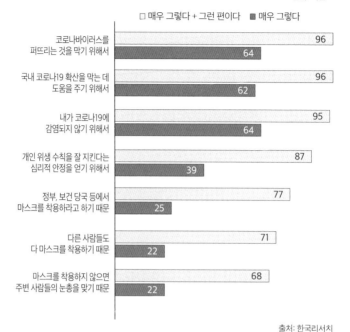

단위: 퍼센트

□ 매우 그렇다 + 그런 편이다   ■ 매우 그렇다

코로나바이러스를
퍼뜨리는 것을 막기 위해서   96 / 64

국내 코로나19 확산을 막는 데
도움을 주기 위해서   96 / 62

내가 코로나19에
감염되지 않기 위해서   95 / 64

개인 위생 수칙을 잘 지킨다는
심리적 안정을 얻기 위해서   87 / 39

정부, 보건 당국 등에서
마스크를 착용하라고 하기 때문   77 / 25

다른 사람들도
다 마스크를 착용하기 때문   71 / 22

마스크를 착용하지 않으면
주변 사람들의 눈총을 맞기 때문   68 / 22

출처: 한국리서치

인의 마스크 착용 심리에는 포괄적 의미의 정치의식 또한 개입해 있다고 할 수 있다. 자신과 공동체의 안녕을 위해 어느 수준의 불편을 감수하고 그 과정에서 주변을 의식하는 태도는 건전한 시민의식에 가깝다. 다행스럽게 한국인은 이런 시민의식에 기반하여 어떤 장소에서 어떤 부류의 사람을 대할 때 마스크를 얼마나 엄격하게 착용해야 하느냐를 고민할 뿐, 자신의 피부색에 따른 마스크 착용의 위험을 걱정하진 않는다.

일본에서 만들어진 캐릭터 '헬로키티'가 서구에서 인기를 끌지 못한 이유로 '이 캐릭터에 입이 없다는 점'을 꼽는 분석이 있다. 같은 맥락에서, 서양인이 마스크를 싫어하는 근본적인 심리구조가 대면 소통에서 눈을 우선하여 보는 동양인과 달리 서양인은 입을 중점적으로 보기 때문이라는, '설'에 가까운 여러 연구도 있다. 내가 생각하기엔 동양인과 서양인 사이에 심리를 포함한 다양한 방면의 차이는 있을 수 있지만, 근본적인 차이는 없는 것 같다. 예를 들어 마스크를 대하는 동양과 서양의 차이를 헬로키티와 연결짓는 방법이 있는가 하면, 우리가 살펴본 것처럼 역사와 정치의 흔적을 감안하는 방법도 있다. 현재의 차이는 과거에서 생성되어 분명 현존하나, 원론적으로 미래에 극복하지 못할 차이란 없다는 게 나의 판단이다. 마스크를 통해 우리는 코로나바이러스를 넘어서야 하겠지만, 코로나19 이후엔 마스크 너머에서 새롭게 맞닥뜨려야 할 사유思惟가 존재한다.

코로나 블루와 '고립된 나'의 재발견

코로나19와 함께 2020년 한국에서 가장 뉴스에 많이 오르내린 종교 집단은 개신교이고, 좀 더 특정하면 신천지(신천지예수교 증거장막성전)와 사랑제일교회다. 신천지에 대해 기성 기독교계는 자신들과 한 묶음으로 보는 것을 싫어하지만, 이름에 꼭 '예수교'가 들어 있어서가 아니라 그 뿌리를 보더라도 신천지는 기독교에서 비롯됐다.

코로나바이러스 전파의 온상으로 지목되며 코로나19 사태 한복판에 불려나온 탓에 신천지가 한국 개신교의 이단 또는 사이비 종교의 대명사처럼 보이지만, 신천지의 역사는 그리 오래되지 않았다. 여러 신흥종교에서 생활하며 잔뼈가 굵은 이만희李萬熙가 1980년대 중반 마침내 스스로 교주가 되어 종말론 계열의 종교를 창업한 것이 바로 신천지다.

예배당이 바이러스의 온상이 되다

종말론과 관련된 이른바 이단 혹은 사이비 종교와 잠깐이지만 직접 접촉한 경험이 나에게도 있다. 1992년 10월 28일, 그날은 당시 세상을 떠들썩하게 한 다미선교회의 휴거일이었다. 휴거란 선택받은 '하나님의 백성'이 하늘로 들어 올려지는 종말의 사건을 뜻한다. 그때 나는 어느 중앙일간지 사회부 초년병 기자로, 마침 야간당직이라서 서울 마포구 다미선교회 건물 앞에서 그들의 '휴거'를 취재했다.

1990년대 안팎에 노스트라다무스의 예언 등 세기말과 새 천년 분위기와 맞물려 종말론을 내세운 신흥종교가 많이 나타났는데, 그중 대표선수로 다미선교회가 꼽힌다. 다미선교회는 종말론자 이장림 목사가 주도한 것으로, 노스트라다무스의 예언을 참고하고 성서의 〈요한계시록〉을 근거로 하여 1992년 10월 28일 수요일 24시에 휴거가 일어난다고 '예언'하며 신도를 모았다.

마침내 그날. 다미선교회 밖은 취재진, 구경꾼, 휴거하겠다고 다미선교회에 들어간 가족을 찾으러 온 사람 등이 뒤섞여 북새통이었다. 건물 안의 사람들과 달리 건물 밖의 사람들은 휴거가 이뤄지지 않을 것을 확신했기에, 그 아수라장 속에서 휴거에 실패한 사람들이 귀가할 길을 터놓았다. 내 기억에 휴거가 불발하고 카메라 세례를 받으며 귀가하던 그들의 모습이 흐릿하지만 분명하게 남아 있다. 과거 다미선교회를 거쳐 간 수만 명은 2020년 코로나19 국면에서 신천지 사태를 보며 무슨 생각을 했을지 궁금하다.

이만희 교주의 신천지 또한 종말론 교리를 갖췄지만 다미선교회처럼 무모하지는 않았다. 다미선교회와 달리 신천지는 (논란이 있긴 하나) 구체적으로 휴거 혹은 종말의 날짜를 박지는 않았다. 이만희 교주가 다미선교회의 전철을 밟지 않았다는 사실은 확실히 마케팅상 강점이었다. 그러나 다미선교회를 능가하는 신천지의 성공은 이만희 교주에게는 행운이었겠지만 이 교주를 제외한 우리 사회에는 불행이었던 것으로 판명 났다. 신천지는 2020년 코로나19 확산 거점이 되면서, 상대적으로 단순 해프닝으로 끝난 1992년 '휴거'의 다미선교회와 달리 한국에 엄청난 사회적 비용을 물렸다.

다미선교회에 비해 신천지의 사회적 비용이 컸던 이유는 알려진 대로 신천지가 코로나바이러스가 좋아할 만한 매우 '인간적인' 예배 방식을 취했기 때문이다. 함께 천국에 들어갈 성도 공동체는 말 그대로 밀접하게 앉아 일상적으로 땀과 침, 피부의 접촉이 일어나는 예배를 드렸다. 물론 신천지 교도가 바이러스를 퍼뜨릴 목적으로 그런 예배 형식을 갖춘 것은 아니었지만, 마침 바이러스가 그들의 예배당 문을 두드리는 예상치 못한 사건이 일어나면서 사회와 신천지 모두에게 재앙이 닥치고 말았다. 이만희 교주 또한 구순의 나이에 감옥에 갇히는 좋지 않은 말로를 맞았다.

코로나19 국면에서 개신교의 위상과 평판을 떨어뜨리는 사건은 신천지 감염 사태 말고도 많았다. 주로 일부 교회의 무데뽀 주일성수가 사회적 지탄의 대상이 됐지만, 신천지와 함께 방역 방해 쌍두마차로 거론된 전광훈全光焄 씨의 사랑제일교회가 끼친 해악을 능가하진 못한다. 2020년 초반에 신천지가 맹활약했다면, 중반 이후엔 사랑제일교회가 바통을 넘겨받아 반사회적 질주를 이어갔다. 사랑제일교회의 공공연한 방역 방해는 코로나바이러스까지 정치적으로 해석한 그들의 극우적 신념과 행태에서 기인했다. 이단 시비에 휘말린 종교 집단으로서 신천지가 예배 행태와 비밀스러운 조직 운영 관행 때문에 '본의 아니게' 방역에 위해가 되었다면, 병든 종교와 병든 정치를 결합한 사랑제일교회에 대해서는 '문재인 반대'라는 단 한 가지 목적을 위해 악의적으로 방역을 방해했다는 강력한 혐의를 두게 된다. 쌍두마차 가운데 어느 쪽이 더 방역에 위해를 가했는지는 따져보아야 할 텐데, 누가 더 '죄질'이 나쁜지는 한눈에 드러난다.

1부에서 살펴본 대로 유럽(그리고 세계의 많은 지역)이 흑사병으로 초토화하는 과정에서 한동안 성당과 수도원은 전염병 확산의 거점으로 기능했다. 중세 유럽인들은, 다미선교회나 신천지처럼 종말론을 믿었기 때문이 아니라 실제로 그들의 세상에 종말이 왔다고 믿었기 때문에 당시 그 시대의 인지능력에 의거하여 흑사병을 그들에 대한 신의 심판으로 받아들일 수밖에 없었고, 함께 모여 회개하며 신에게 구원을 간청했다. 중세인들이 성전을 흑사병의 온상으로 만든 것은 무지의 발로이긴 했지만 불가피했다.

현대의 수준 높은 감염병 지식으로 무장한 각국 방역 당국은 무지의 발현을 예방하는 데 많은 노력을 기울인다. 공교로운 사실은 방역의 핵심 수단인 '격리'가 코로나19와 무관하게 현대사회에서 인간이 존재하는 기본 방식이라는 점이다. 방역에서 쓰는 용어인 격리는 실존주의에 넘어가서는 '소외'라는 말로 대치된다. 근대 이래로 인간의 본질에 소외가 자리 잡았기에, 인간 소외라는 근현대의 인간 존재론을 방역의 관점에서 풀어 쓰면 격리가 된다고 말하는 게 얼토당토않은 얘기는 아니다.

반면 종교, 특히 기독교는 비록 신과 인간의 일대일 관계를 개척하는 종교개혁을 거쳤다고 해도 격리를 파쇄하는 세계관을 고수한다. 당연히 이 격리는 방역의 격리가 아니라 존재의 격리다. 기독교의 십자가는 수직적 연결과 수평적 연대를 뜻하기에 현대사회의 인간 존재 방식과 마찰을 빚을 수밖에 없다. 서구에서 근대를 향한 탈脫중세는 연결과 연대의 탈피를 뜻했고, 그것이 마침내 개인의 발견으로 이어졌다. 개인은 고립이라는 숙명 아래 놓였지만, 그럼에도 끊임없이 고립을 타파하거나 탈피하고자 노력하며 숙명에 반하는 경향을 드러냈다. 그러나 고립은 현대사회 혹은 근대성의 존립 근거이기 때문에 개인의 시도는 시도 자체만이 의미를 갖게 될 뿐, 고립의 타파 혹은 연대의 복원은 결코 달성되지 않는다. 이 또한 숙명이라면 숙명이겠다.

코로나19와 치르는 싸움에서 일상적으로 강제되거나 권장되는 '사회적 거리두기'와 자발적이고 강제적인 '격리'는 '고립된 나 isolated I'라는 현대인(혹은 근대인)의 숙명을 다시 한번 두드러지게 인식하게 하는 계기가 된다.

자기만의 방

개인은 근대성의 산물이다. (근대성은 포괄적인 인문학 개념이지만, 그냥 단순하게 현대사회의 특성으로 받아들여도 무방하다.) 근대사회에 들어서야 등장한 개인은, 기동하는 또는 사용되는 인간의 기본단위다. 물리학에서 개인의 등가물은 분자다. 예를 들어 물 분자 H_2O는 물의 성상性狀과 특질을 유지한 마지막 단위이며, 수소와 산소로 분해하면 전혀 다른 물질이 된다. 물로는 호흡할 수 없고 산소는 마실 수 없다. 인간도 마찬가지다. 하나의 추상으로서 사람은 구체적인 개인 미만으로는 물리적으로나 사회적으로나 나뉘지 않는다. 영화의 '슬래셔' 장르에 등장하는 것과 같은 분해된 사람은 더는 사람이 아니고 비인간적 물질일 따름이다.

한국어에서 (또한 중국어에서) '개인個人'이란 말은 낱낱의 인간 존재라는 의미다. 낱낱의 사람을 뜻하는 개인은, 추상 수준의 인간 파악을 실체적 이해로 전환한 말이다. 여기에는 '사람人'이라는 것에 대한 본질적 주장이 선행하기에, 긍정적으로 받아들이면 인본주의 접근을 담은 표현인 셈이다. 반면 '개인'에 해당하는 영어 'individual'(독일어 'Individuum')은 단어에 국한하면 덜 인본주의적이고 더 기능적인 접근이라 할 수 있겠다. 'individual'은 더 이상 나누어질 수 없는 존재다. 'in'은 'not'을 뜻하는 접두어이고, 'dividual'은 'divide' 곧 '나누다'라는 의미다. 더 나누면 이제는 사람이 아니라는, 물리적 상태에 착안한 표현이다.

근대 이전의 인간이 근대 이후의 '개인'과는 다른 인간임은 분명하다. 'in'을 떼어낸 'dividual'이 전혀 다른 의미를 갖게 되는 것처럼, 근대 이전의 인간은 흔히 상상할 수 있는 피, 종교, 땅 등과 '결부'된, 독자적으로는 존재라는 표현을 성립시킬 수 없는 무엇이다. '인간人間'이라는 말이 잘 함축하듯, 인간은 통시성과 공시성의 촘촘한 그물망 사이에서 혹은 그 위에서 살아간다. 근대 이전의 인간은 결코 개개의 존재로 성립할 수 없고, 아버지의 아버지의 아버지, 어머니의 어머니의 어머니 등 혈연과 신분, 공동체의 질서에 소속되어 살아가야 하는 '적분된 인간'이다. 그렇다면 (근대의) 개인은 '미분된 인간'인 셈이다.

버지니아 울프Virginia Woolf의 《자기만의 방A Room of One's Own》은 여성해방을 주창한 책으로 유명하지만, '자기만의 방'이라는 것 자체가 개인의 독립적인 공간, 즉 프라이버시가 보장되는 근대인의 사적 영역을 의미하기에 여성해방을 근대성의 관점에서 논했다고도 말할 수 있다. 프라이버시가 보장되는 '자기만의 방'을 코로나 시대의 문법으로 풀어 쓰면 자발적이든 비자발적이든 '자가격리를 이행할 수 있는 방'이 되겠다.

자가격리가 가능한 자기만의 방은 근대, 그것도 비교적 현재 시점과 가까운 근대 이후에나 가능하다. 코로나19와 관련해 자가격리를 실천하려면 집 안에 머물면서도 한집에 사는 다른 가족 구성원과 접촉하지 말아야 한다. 따라서 식구들로부터 이런저런 도움을 받는다 하더라도 최소한 독립된 방과 화장실을 갖춰야 방역 당국에서 의미하는 자가격리를 이행할 수 있다.

스페인 독감 시기에는 만약 지금과 같은 체계적인 방역체계를 갖췄다 해도 사회 여건상 엄격한 의미의 자가격리가 대체로 불가능했을 것으로 추정할 수 있다. '자기만의 방'을 역설한 울프의 책은, 스페인 독감이 유행하고 10년쯤 지난 시점인 1929년에 발표된 작품이다. 그로부터 100년쯤 지난 21세기 초반의 코로나 시대에도 자가격리의 여건이 완비되었다고는 할 수 없다. 선진국이 몰려 있는 북미와 유럽에도 격리를 위한 '자기만의 방'을 소유하지 못한 사람이 적지 않다고 할 때 지구촌 전체의 사정은 당연히 더 나쁘다.

'자기만의 방' 소유 여부와 무관하게 전 세계적으로 근대가 도래한 이후 인류는 어쩔 수 없이 근대인이 되었다. 한마디로 자본주의와 근대국가에서 개별적으로 생존을 기도해야 하는 존재가 된 것이다. '고립된 나'이자 개인이라는 근대인의 정체성은, 중세 유럽의 '적분된 인간'이 그 시대 인간의 선택이 아니었듯 마찬가지로 주어진 것이다. 근대인이라면 누구나 '고립된 나'의 정체성을 갖지만, 그렇다고 해서 누구나 '자기만의 방' 또는 '고립이 가능한 방room to isolate'을 갖는 것은 아니다. 실제로 근대인은 '고립이 가능한 방'을 소유한 사람과 소유하지 못한 사람으로 나뉜다. 이 현상은 계급적이고도 사회적인 구분을 나타내는 하나의 방식이라 볼 수 있다.

코로나 블루와 '고립된 나'

흥미로운 것은 '고립이 가능한 방'의 소유 여부가 존재론적 차이까지는 발생시키지 않는다는 점이다. 실제로 '고립이 가능한 방'을 소유하든 소유하지 못하든 '고립된 나'로서 근대인은, 모두가 '방' 안으로 들어가려고 기도할 뿐, 결국 방문 앞에서 기다리다 죽어갈 운명이라는 공통의 존재론적 규정 아래 놓인 채 저 구분을 기이하게 해소한다. 코로나바이러스의 매개를 차단하기 위한 '자가격리가 가능한 방room to self-isolate'과, '고립된 나'로서 근대인이 정체성을 실현하기 위한 '고립이 가능한 방'은 다르다. '자가격리가 가능한 방'이 모두에게 주어지진 않은, 즉 누구는 소유하고 누구는 소유하지 못한 방이라고 한다면, '고립이 가능한 방'은 (자기 방이라고 헛되이 소유권을 주장할 수 있을지는 모르겠으나) 누구도 들어갈 수 없는 방이다. 그러니 '고립이 가능한 방' 앞에서 근대인은 적어도 존재론적으로는 평등하다고 우겨봄 직하다. 이러한 구분의 해소는 실존적 성찰을 통해 우울하게 이뤄지거나 스페인 독감 혹은 코로나19를 맞이할 때처럼 허망하게 도래한다.

프란츠 카프카Franz Kafka의 짧은 소설《법 앞에서Vor dem Gesetz》는 우연찮게 근대인의 이러한 실존적 성찰을 담아내는 데 성공한다. 시골에서 온 한 남자가 '법Gesetz' 안으로 들어가려고 시도하지만 문지기가 그를 가로막는다. '법' 안으로 들어가려던 전 생애에 걸친 노력이 무위로 돌아가고 죽음을 앞둔 그 남자에게, 문지기는 이 입구가 오로지 그만을 위한 것이었다고 말하고는 문을 닫는다. 카프카 소설의 심오함은《법 앞에서》에서도 확인되는데, 특히 코로나19 국면을 맞은 오늘날 예기치 않게 많은 생각거리를 던져준다.

"그 입구가 오직 너만을 위한 것이었다"는 말은 '고립이 가능한 방'의 사유私有를 선언하는 듯하지만, 사실상 공유共有의 부인을 통해 '고립된 나'의 고립을 확증한다. 우습게도 코로나 사태는 실존적이고 철학적으로 검토된 '고립된 나'를 진짜 물리적인 방식으로 또 평범하고 일상적인 방식으로 실현했다.

이제 우울은 존재에 침윤한다. 민주주의에서 주창한 표의 평등과 근대의 존재론에서 전제된 우울의 평등은 평소에는 별개의 평등으로 서로에게 간섭하지 않지만, 코로나19 국면에서 두 개의 평등은 심한 간섭을 일으켜, 마치 파장이 합쳐지듯 증폭된다. 그리하여 이 평등이란 것의 실체가 고립이란 사실이 뚜렷하게 드러난다. 코로나19 국면에서 야기된 물리적 고립, 그리고 그 고립을 통한 사회과학적이고 존재론적인 소외의 각성은 '코로나 블루'라는 모호한 형태의 감성의 배면에 깔리게 된다. 민주주의의 평등 이념은 질병과 죽음 앞의 평등이란 허망한 형태로 실현의 기회를 잡고, 거의 잠복 상태로 있는 존재의 본원적 우울은 일상적 격리를 통한 고립의 재확인에서 '확진'되어 민주공화국의 주권자인 시민/개인을 당혹케 한다. '코로나 블루'의 작용 메커니즘은 당연히 '페스트 블루'와는 다른 것이어서, 비록 '코로나'라는 휘장을 달았지만 근대성의 원천 결함이란 하부구조와 결합함으로써 비로소 '블루'를 작동시킨다. 코로나19가 근대의 질병이듯, '코로나 블루' 또한 근대의 우울이다.

세계 언론은 2020년 4월 29일, 미국 《메리엄-웹스터 사전Merriam-Webster's Collegiate Dictionary》에 코로나19 확산 이후 생겨난 새로운 단어들이 수록됐다고 일제히 보도했다. 새로 포함된 단어는 'self-isolate'(자가격리), 'physical distancing'(거리두기), 'herd immunity'(집단면역) 등이고 'WFH working from home'(재택근무), 'PPE personal protective equipment'(개인보호장비) 같은 축약어도 등재됐다.

"백악관이 코로나19에 뚫렸다"는 기사가 잇달아 보도된 2020년 5월 초순 마이크 펜스Mike Pence 미국 부통령이 다른 사람들과 떨어져 지내는 '거리두기'에 돌입했다는 소식이 전해졌다. 펜스 부통령의 '거리두기'는 자신의 대변인인 케이티 밀러Katie Miller가 코로나19 확진 판정을 받은 이후 미국 질병통제예방센터의 권고에 따라 나온 조치다. 펜스 부통령 측은

"거리두기self-isolating이지 자가격리self-quarantine는 아니다"라고 설명했다. 펜스 부통령은 그즈음 매일 코로나19 검사를 받았으며 매번 음성으로 판정받았다.

펜스 부통령 보도에서 드러나듯 우리말의 '자가격리'에 해당하는 영어는 'self-isolating'과 'self-quarantine', 두 가지가 있다. 우리말은 음성 상태의 자발적 격리와 양성 상태(그리고 외국에서 귀국한 이)의 의무적 격리를 한 단어로 포괄한 셈이다. 이러한 차이가 어느 한쪽 언어의 결함과 무능을 표출한 것이 아님은 물론이다.

결론적으로 코로나바이러스는 철학적 사유와 사회구조 차원에서 논의된 추상으로서의 '고립된 나'를 구상으로서의 '고립된 나'로 돌연 바꿔버렸다.

타인이 지옥

'타인이 지옥'이란 말이 있다. 세계적으로 저명한 20세기의 실존주의 철학자 장폴 사르트르Jean-Paul Sartre가 한 말이다. 사르트르의 원래 취지와 달리 이 말은 코로나 시대의 사회상을 한마디로 압축해내는 데 성공한 듯하며, 그리하여 코로나19 국면에서 더러 인용되었다. 코로나바이러스의 큰 감염력뿐 아니라 무증상 감염 사례까지 나타나면서 인간이 인간에게 잠재적 감염원으로, 즉 지옥으로 인식되는 현상을 표현하기에 더 없이 적절한 말이었기 때문이다.

서울 지하철에서 마스크 착용을 의무화하기 전, 지하철에 탄 중년 남자끼리 코로나19 때문에 싸운 기사를 읽은 기억이 난다. 두 사람 중 한 명이 마스크를 안 써서 그의 마스크 미착용을 두고 두 사람이 언쟁을 벌이다 사소한 폭력 사태로 이어졌다는 내용이었다. 프랑스에서는 버스 기사가 승객에게 마스크 착용을 요구하다가 집단폭행을 당해 사망한 일도 있었다. 2020년 7월 5일 프랑스의 버스 기사 필리프 몽기요Philippe Monguillot는 마스크를 쓰지 않고 버스를 타려던 승객들에게 마스크 착용을 요구했다. 세계 많은 나라에서 그러하듯 프랑스 또한 2020년 5월부터 대중교통을 이용할 때 반드시 마스크를 쓰도록 했기에 그의 요구는 합당했다. 그러나 이십 대 승객 네 명은, 마스크 착용 후 탑승하거나 미착용 시 하차하라는 버스 기사의 요구에 불응하며 불만을 표시하다가 감정이 격해져 폭력을 행사한 것으로 추정된다.

마스크를 쓰지 않았다는 이유로 한 인간이 다른 인간을 비난하는 상황은 코로나 시대 이전에는 없었다. 오히려 '복면금지법' 사례에서 보았듯, 상황에 따라 마스크나 복면을 쓴 인간을 비난한 적은 있었다. 코로나 시대는, 동기가 뭐든 간에 인간의 전체 얼굴보다 가려진 얼굴을 선호하는 시대로 기록되고 있다.

사람의 입은 여러 용도로 쓰인다. 그에 관한 수많은 금언과 경계가 존재하는 까닭은, 입이 사람을 행복하게도 하지만 동시에 종종 불행하게 하기 때문이다. 그러나 지금처럼 인간의 입을 원천적으로 차단하려 들거나 상대의 입에 불편을 느낀 시절은, 내 기억 속에는 없다. 인간의 입은 비말飛沫의 발생처이며, 그 입의 주인이 코로나19 확진자라면 그곳은 타인을 감염으로 몰고 갈 전파의 근거지다. 어느 입이 안전한 입인지 모른다는 불안과 불확실성이 서로가 서로의 입을, 막고 차단하게 만든다. 인간이 하루살이처럼 아예 입이 없는 존재로 태어났다면 적어도 코로나19 국면에서는 더 행복했을 것이다.

막아야 할 것은 코로나바이러스이지만 바이러스가 인간에 살다 보니 타인이 지옥이 된, 사르트르가 전혀 상상하지 못한 사건이 현실에서 발발하고 말았다. '자기만의 방'에 각자를 격리할 수는 없어도, 각자의 입을 서로 차단할 수는 있기에 근대인의 고립은 마스크를 통해 극적으로 또 구체적으로 실현된다. 이때 마스크 착용을 '타인을 지옥으로 만들지 않으려는 인간적인 노력'이라고 긍정적으로 해석할 수 있는가 하면, '마스크 자체는 타인이 지옥 됨의 어쩔 수 없는 표지'라는 부정적인 해석도 가능하다.

1993년 개봉된 영화 〈데몰리션 맨Demolition Man〉은 2032년의 미래를 다룬다. 그때는 제법 먼 미래였지만 지금으로선 얼마 남지 않았다. 실베스터 스탤론과 웨슬리 스나이프스가 나오는 영화인 만큼 당연히 주된 줄거리는 두 사람의 액션 대결이다. 샌드라 불럭의 극중 이름에 '헉슬리'를 넣은 제작진의 천연덕스러움이 새삼 눈길을 끈다.

〈데몰리션 맨〉에 등장하는 사랑법을 잠시 무대에 올려보자. 존 스파탄(스탤론)과 레니나 헉슬리(불럭)는 연인 사이가 되는데, 거기서 20세기 사랑과 21세기 사랑이 충돌한다. 즉 영화 속 2032년 세계에서는 예컨대 비말을 포함하여 모든 종류의 체액과 관련된, 또는 체액이 교류되는 성적인 관계를 금한다. 대신 사람들은 ICT기술을 활용해 가상현실과 비슷한 상태에서 '비대면' 섹스를 즐긴다. 섹스를 하기 위해 굳이 두 사람이 만날 필요가 없는 것이다. 정확하게는, 두 사람이 섹스하려면 각자의 방에서 헤드셋 비슷한 것을 쓴 채로 온라인상 어디쯤에서 가상의 몸으로 만나야 하기에 둘은 각자의 방에 머물러야 한다. 한 공간에 있지 않고 물리적 접촉을 하지 않는 〈데몰리션 맨〉의 섹스는 '고립된 나'라는 세계의 정수를 보여준다. 이것은 근대인이 꿈꾼 세계의 완성일까, 아니면 탈근대의 새로운 세계일까. 영화에선 재래의 20세기 사랑법이 승리하는데, 아마 〈데몰리션 맨〉이 20세기에 만들어진 영화이기 때문일 것이다.

〈데몰리션 맨〉에서 코믹하게 표현한 '고립된 나' 사이의 가상섹스는 감염가능성이 전무한 안전한 섹스다. 영화에서 암시하듯 2032년의 세계는 '타인이 지옥'인 관점을 철두철미하게 관철하여 건설한 완전히 새로운 방식의 '유토피아'다. 그 유토피아의 섹스법이 바로 비대면 가상섹스인 것이다.

코로나19 사태로 여러 나라에서 봉쇄령과 이동금지령

이 내려지자 사랑하는 사람들이 만나지 못해 고통받는 상황이 세계 곳곳에서 빚어졌다. 이때 〈데몰리션 맨〉의 섹스 솔루션이 있었다면 '고립된 나'의 물리적이고 심정적인 고립을 일부 완화할 수 있지 않았을까 상상해보았다. 알베르 카뮈Albert Camus의 소설 《페스트La Peste》에서 주요 등장인물인 신문기자 레몽 랑베르는 취재를 간 지역이 페스트 발발로 봉쇄되면서 그 지역에 고립된다. 폐쇄된 도시 알제리의 오랑에서 파리의 연인을 그리워하는 랑베르에게도 할리우드 영화 〈데몰리션 맨〉의 섹스 솔루션은 분명 크나큰 위안이 되었을 것이라고 상상할 수 있다.

그러나 이런 실용적 이점에도 불구하고 긍정론이 우세할 것 같지는 않다. 가상현실이라는 새롭고 더 깊은 고독 속으로 '고립된 나'를 밀어 넣음으로써 고립을 벗어나고자 한 해법은, 결과적으로 소외를 더 강화하는 일종의 솔루셔니즘solutionism의 예로 전락할 것이란 비판에 직면하게 되지 싶다. 카프카와 카뮈를 불러놓고 가상 좌담회를 연다면 두 사람 모두 확실히 이 비판에 가세할 것이다. 그렇다면 20세기 이후의 인간에게, 바이러스에 의한 격리는 바이러스가 물러날 때까지 견디고, 자본주의와 근대성이 본유의 성질로 부여한 고립('고립된 나'는 익숙한 용어로는 '개체화'와 연관되지만 의미는 다르다)은 숙명으로 받아들이는 것 말고 다른 해법을 찾아낼 가능성은 없는 것일까.

타인을 위한 존재로서 '고립하는 나'

코로나19 사태 와중에, 주로 정부를 특정하여 한국이 대체로 선전했다는 평가가 해외에서 나오던 가운데 개신교는 이 사태에서 유독 비난을 많이 받아 대비를 이뤘다. 가히 한국 개신교의 흑역사라 할 만한 장면이었다. 코로나19 사태 초기에 신천지 발 집단감염으로 사회적 물의를 빚은 데 이어, 전 국민적 '사회적 거리두기' 분위기 속에서 모임을 자제한 가톨릭이나 불교와 달리 (물론 다 그런 것은 아니지만) 유독 개신교만 '주일성수'를 부르짖으며 예배를 강행해 지탄의 대상이 되었다.

등록된 교인만 10만 명에 달한다는 서울 강남 한복판의 대형 세습교회를 비롯하여 적잖은 개신교 교회가 뉴스의 스포트라이트를 받으며 일요일마다 기어이 예배를 거행한 행태는, 실제로 집단감염이 일어났느냐 일어나지 않았느냐의 결과론으로 그 행태의 정당성을 따질 사안이 아니었다. 교인과 사회를 위험에 몰아넣을 수 있는 그런 행태는 설령 예배와 집회를 통한 집단감염이 일어나지 않았더라도 '종교의 자유'나 '주일성수'라는 명분으로 합리화할 수 없다. 아니나 다를까, 마침내 전광훈 씨의 사랑제일교회가 2020년 8월 중순에 신천지에 버금가는 사고를 친다. 종교의 가장 기본적인 사회적 책임을 저버린 몰지각한 행위는, 오히려 이런 행위에 가담하지 않은 기독교인들이 낯을 들지 못하게 만들었다.

개신교라는 기독교 분파를 만들어낸 마르틴 루터라면 이

문제에 어떤 의견을 표명했을까. 오래전 인물이라 의견을 찾기 어려울 것 같지만 의외로 찾으면 간단하게 나온다. 루터의 시대 또한 전염병의 시대였고, 흑사병으로 형제를 잃은 루터는 동시대인들과 마찬가지로 감염병을 잘 알았으며, 종교인으로서 대처 방법에 대해 깊이 고민한 듯하다. 루터가 수도사가 된 이유는, 널리 알려진 것처럼 우연히 벌어진 낙뢰 사건 때문이라기보다는 그 이전에 발생한 흑사병으로 인한 형제들의 죽음 때문이라고 주장하는 연구자들이 있다. 아무튼 루터는 흑사병과 관련해 다음과 같이 말했다.

하나님께서 치명적인 전염병을 주셨을 때, 나는 이 병을 막아달라고 주님께 자비를 구하며 간절히 기도할 수밖에 없었습니다. 그런 다음, 집에 연기를 피우고 환기를 시키면서 약을 받아먹어야 했습니다. 나를 꼭 필요로 하지 않는 곳이라면 가지 않고 피했습니다. 그렇게 하지 않으면 내가 다른 사람에게 전염시킬 수도 있고, 나의 사소한 부주의가 이웃을 죽이는 원인이 될 수도 있기 때문입니다.

그러나 나를 필요로 하는 곳이라면, 어디든 가리지 않고 달려갈 것입니다. 이웃에게 도움이 될 수 있다면, 사람과 장소를 가리지 않고 달려가 어떤 일이든 해야 합니다. 보십시오. 이것이야말로 하나님을 참으로 경외하는 신앙입니다. 그 신앙은 어리석거나 뻔뻔하지 않으며, 사람을 선동하거나 미혹

하지 않습니다.

−1527년 여름 흑사병이 비텐베르크를 강타했을 때, 루터의 설교

　루터의 이야기는 '고립된 나'에 관한 지금까지의 이야기에 종지부를 찍는 듯하다. 근대 이전의 시기여서, 구조적으로 '고립된 나'가 등장하기 전이기도 하지만 루터에게서는 아예 '고립된 나'라는 개념을 찾을 수 없다. 전염병에 대하여 루터는 기도와 함께 인간이 동원할 수 있는 모든 합리적 수단을 다 시행해야 한다고 말하고, 또 전염병 확산을 막기 위해 스스로 '사회적 거리두기'를 적극적으로 실천했다. 하나님의 섭리와 함께하고 동시대의 합리성과 함께하고 이웃의 운명과 함께하지만, 전염병과 맞서 싸우기 위해 흥미롭게도 기꺼이 '고립하는 나'를 수행하는 것이다. '고립하는 나'는 '고립된 나'와는 전혀 다른 인간을 뜻한다.

　《구약성서》에서도 흥미로운 구절을 찾을 수 있다. 모세의 누이로 구약에서 비중 있게 다뤄진 인물인 미리암이 피부병에 걸리자 당시 규례에 따라 그는 진영 밖으로 나가 이레 동안 갇혀 있었다. 요즘 말로 격리된 것이다. 구약 기록에 따르면 당시는 모세의 영도 아래 히브리 민족이 광야를 떠돌던 때다. "미리암이 진영 밖에 이레 동안 갇혀 있었고 백성은 그를 다시 들어오게 하기까지 행진하지 아니하다가"(《민수기》 12장 15절)라는 구절을 보건대, 미리암이 격리에서 벗어나자 그제

서야 히브리 민족이 그와 함께 떠났다는 걸 성서를 통해 알 수 있다. 이 구절에서 격리를 눈여겨보면서, 동시에 한 사람을 위해 전체가 행진을 멈추고 기다렸다는 장면에 주목하게 된다.

기독교의 관점에서 이야기를 이어가면 '미리암의 격리' 장면에서 다소 모호하게 인식된 연대와 타자지향은 루터에게서 더 명확해지고, 히틀러 암살을 모의하다 총살된 독일의 목사이자 신학자인 디트리히 본회퍼 Dietrich Bonhoeffer(1906~1945)에 이르면 타자를 위한 교회의 개념으로 정식화한다. 본회퍼 전공자인 한신대학교 신학과 강성영 교수는 "본회퍼는 교회가 다른 사람을 위해 존재할 때만 교회라고 봤다. 본회퍼는 교회를 타자를 위한 '도움의 수단'이자 '투쟁 수단'으로 여겼다"라고 전한다. '타인이 지옥'이라는 사르트르의 언명이 필연적으로 '고립된 나'를 호출한다고 한다면, 본회퍼의 '타자를 위한 존재'라는 교회론은 '타인지옥'론의 대안이 될 수 있겠다.

코로나19를 통해 더 실감하게 되었듯, 물론 타인은 지옥이지만 공동체적 연대를 통해 인간이 타자를 위한 존재로 끊임없이 변신을 꾀한다면 '타인지옥'의 숙명론에서 탈피할 일말의 희망을 품을 수도 있지 않을까. 당연히 그 공동체가 꼭 교회일 까닭은 없다. 현재도 계속되는 한국 개신교의 흑역사를 볼 때 '타자를 위한 존재'가 아닌 그런 교회는 그 공동체의 목록에서 제외하는 게 마땅하다. '고립된 나'를 더 소외시키고, 교회를 사회에서 고립시키고, 타인을 지옥시키며 스스로 지옥으로 변해가는 '그런' 교회는 코로나19 사태를 겪으면서 점차 도태될 것이다.

20세기 영화 〈데몰리션 맨〉과 20세기 철학자 사르트르의 촌철살인 경구가 현실이 된 코로나 시대에 우리는 일상적으로 '격리된 나'의 모습을 통해 새삼 구조적으로 '고립된 나'를 사유할 기회를 얻게 된다. 물리적이고 심정적이고 일상적인 격리는 언젠가 해제되겠지만, 또 구약의 미리암처럼 어쩌면 격리 후 다시 공동체에 포섭되어 살아갈 수 있겠지만, 자본주의와 근대성에 의해 고착된 '고립된 나'는 물리적 격리 유무와 무관하게 해제 불가능한 사건이라 할 수 있다. 전염병이 물러가도 물리적 고립과 소외의 시스템은 확실히 더 강고해질 것이다.

'비대면'의 보편적 확산 속에서, 20세기에 확립된 '고립된 나'라는 인간상이 어떤 변화를 겪을지는 미지수다. 선뜻 낙관하게 되지는 않는다. 고립 속으로 더 파고들지, 고립 밖으로 손을 내밀지는 예단이 불가능한 게 앞으로 우리가 만들어가야 할 세계이기 때문이다. 그럼에도 직관적으로 우리는 〈데몰리션 맨〉에서 20세기 사랑법이 승리한 것에 박수를 보내고 '타자를 위한 존재'라는 본회퍼의 고민에 동감을 표하게 된다. 스스로 만들어가야할 세계가 무엇인지를 진즉에 알고 있었다는 뜻이리라. 그 세계는, '고립된 나'를 기본값으로 수용하고 '비대면'에 익숙해질 미래 세대에게, 그럼에도 '타자를 위한 존재'로서 공동체의 중요성과 그 의미를 끊임없이 각인시키는, 그것을 교육이라고 하든 소통이라고 하든, 진지하게 말을 건네는 진득한 작업을 전제로 한다. 그러려면 지금의 세대가 먼저 토론을 시작해야 한다.

약한 고리를 노리는 코로나

전 세계에 코로나19의 공포가 실체를 드러내던 2020년 3월, 아프리카 대륙의 빈국 짐바브웨에서 한 젊은이가 숨졌다. 이미 지구상에서 코로나19로 많은 사람이 죽었고 죽어가는 시점이어서 하나의 죽음이 추가된 것이 큰 의미를 갖기는 힘들었겠지만, 이 죽음은 곧 전 세계에 널리 전해졌다.

짐바브웨의 금수저와 한국의 취약계층

조로로 마캄바Zororo Makamba라는 서른 살 청년의 죽음은 미국 시사주간지 〈타임Time〉이 2020년 4월 7일자로 보도하면서 알려졌다. 마캄바는 짐바브웨에서 TV쇼와 라디오 프로그램을 진행하던 유명인으로, 코로나19 확진 판정을 받고 사흘 만인 2020년 3월 23일 사망했다. 마캄바의 아버지 제임스 마캄바는 짐바브웨에서 미디어 그룹을 운영하고 있으며 정계에도 진출한 이 나라의 유력인사다. 마캄바는 짐바브웨에서 이른바 '금수저'였다.

확진 판정을 받기에 앞서 마캄바는 미국 뉴욕에 20일을 머물렀다. 귀국 후 가벼운 감기 증상을 보여 동네 병원을 찾았는데, 의사는 코로나19 검사를 시행하지 않고 간단한 감기약을 처방했다. 감기약을 먹고 증상이 호전되기는커녕 얼마 지나지 않아 오히려 열이 오르기 시작하자 마캄바는 짐바브웨 수도 하라레의 윌킨스병원을 찾았고, 그곳에서 코로나19 양성 판정을 받았다. 마캄바는 유력자의 아들임에도 어렵사리 병원에 입원했으며, 입원 후 그의 가족은 자력으로 산소호흡기를 구해 왔다. 의료진은 코로나바이러스 감염을 우려하여 그에게 다가가기를 꺼렸다. 결국 마캄바는 병원에서 제대로 된 치료 한 번 받아보지 못한 채 그저 '병원 격리' 중에 쓸쓸히 짧은 생을 마감했다.

〈타임〉은 "짐바브웨에서 마캄바처럼 부유한 사람도 제대로 치료를 받지 못하는데, 하물며 일반 시민들은 어떻게 치료를 받겠는가"라며 팬데믹에 속수무책인 아프리카의 현실을 전했다. 〈타임〉 보도에 따르면 짐바브웨 전체에서 산소호흡기는 20대 미만이다. 영국의 유력지 〈가디언The Guardian〉은 인구가 2억 명이나 되는 나이지리아가 보유한 산소호흡기가 500대에 못 미친다고 보도한 바 있다.

사하라 이남 아프리카에서 인구 1만 명당 의사 수는 한 명이 되지 않는다. 코로나19가 유럽에서 유행한 초기에 가장 심각한 피해를 입고 의료 붕괴까지 거론된 이탈리아의 의사 수는 인구 1,000명당 네 명이었다. 의사 한 명이 250명을 상대하는 것과 1만 명을 상대하는 것의 차이는 수치로 확인된 40배 이상일 것이다.

의료 대응 역량의 미비에다 영양실조, 후천성면역결핍증AIDS, 말라리아, 결핵 등 다양한 질병이 오랫동안 만연하여 만성적 고통에 시달리고 있는 아프리카 여러 나라에 코로나19의 영향은 예측 불허다. 〈타임〉은 2014년에 라이베리아 에볼라바이러스 전염병 대응팀에서 일한 제리 브라운Jerry Brown 박사의 말을 인용하며 "아프리카에서 2억 5,000만 명 이상이 코로나19에 걸릴 수 있다"고 경고했다. 그러나 아프리카 나라에서 전염병보다 더 무서운 것은 경제난이다. 코로나19로 세계가 올스톱되며 외부 세계로부터 지원이 끊어지면 아프리카에서 코로나바이러스에 감염돼 죽는 사람보다 당장 굶어 죽거나 다른 질병으로 사망하는 사람이 더 많아지리란 것이 일반적 예측이다.

범주를 세계에서 우리나라로 옮겨 오면, 아프리카보다 절대적인 사정은 나아 보이지만 코로나19 사태로 인해 한국의 취약계층이 받은, 또 앞으로 받을 피해는 생각보다 심각하다. 코로나 사태 7개월째인 2020년 8월 19일 한국은행 조사국 고용분석팀이 발간한 〈코로나19에 대한 고용취약성 측정 및 평가〉 보고서에서 수치로 그 심각성을 한눈에 파악할 수 있다.

먼저 보고서 발간 시점까지 국내 일자리는 월평균 35만 개씩 사라졌다. 더 큰 걱정은 재택근무를 할 수 없는 일자리, 필수적이지 않은 일자리 등 단기적으로 실업 위험에 크게 노출되는 일자리가 전체 2,700만 개 일자리 중 약 35퍼센트인 945만 개나 된다는 분석 결과다. 대면접촉이 필수여서 장기적으로 감염병에서 피해를 입을 일자리 등까지 감안하면 전체 일자리의 절반에 가까운 1,242만 개(46퍼센트)가 코로나19의 영향을 받는 고용취약 일자리로 분류됐다. 우리나라 전체 일자리 중 비非필수, 비非재택근무, 고高대면접촉 일자리는 각각 42퍼센트, 74퍼센트, 55퍼센트로 분석됐다.

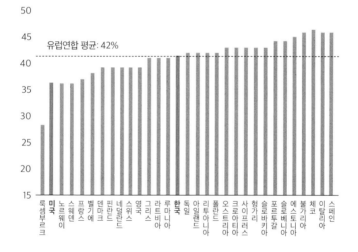

🌓 국가별 비필수 일자리 비중

단위: 퍼센트

유럽연합 평균: 42%

자료: 유럽연합은 Sanchez et al.(2020), 미국은 del Rio-Chanona et al.(2020)
출처: 한국은행 조사국 고용분석팀

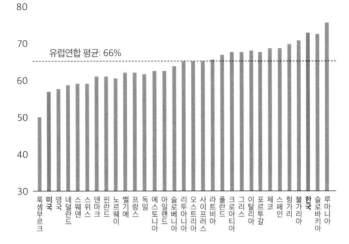

국가별 비재택근무 일자리 비중

단위: 퍼센트

유럽연합 평균: 66%

룩셈부르크, 미국, 영국, 네덜란드, 스웨덴, 스위스, 덴마크, 핀란드, 노르웨이, 벨기에, 프랑스, 독일, 에스토니아, 아일랜드, 슬로베니아, 리투아니아, 오스트리아, 사이프러스, 라트비아, 폴란드, 그리스, 이탈리아, 포르투갈, 체코, 스페인, 헝가리, **한국**, 슬로바키아, 루마니아

자료: 유럽연합은 Sanchez et al,(2020), 미국은 del Rio-Chanona et al,(2020)
출처: 한국은행 조사국 고용분석팀

숙박·음식, 부동산, 예술·스포츠·여가 업종 등 '비필수 일자리' 비중은 미국(36퍼센트)보다 높고 유럽 평균(42퍼센트)과는 비슷한 수준이다. 매장 판매 종사자, 조리사, 건설·채굴기계 운전원, 식음료 서비스 종사자 등 '비재택근무 일자리' 비중(74퍼센트)은 미국(58퍼센트)이나 유럽 평균(66퍼센트)보다 상당히 높은 수준이다. 비필수직이면서 재택근무가 어려운 일자리의 교집합을 구해보니 전체의 35퍼센트 수준이었다. 한국은행 고용분석팀은 "감염병 확산으로 강력한 봉쇄 조치가 시

● 비필수·비재택근무 일자리

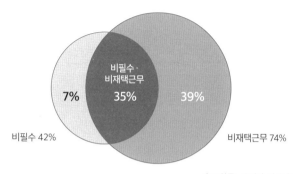

비필수·
비재택근무
35%

7%

39%

비필수 42%

비재택근무 74%

자료: 한국노동패널, 작성자 계산
출처: 한국은행 조사국 고용분석팀

● 고대면접촉·비재택근무 일자리

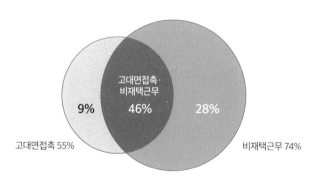

고대면접촉·
비재택근무
46%

9%

28%

고대면접촉 55%

비재택근무 74%

자료: 한국노동패널, 작성자 계산
출처: 한국은행 조사국 고용분석팀

행될 경우, 취업자 세 명 중 한 명은 정상적인 경제활동이 어렵다는 것을 의미한다"고 말했다.

가장 큰 걱정은 이런 '고용취약' 일자리에 저소득자, 저학력자, 청년, 여성 등이 몰려 있어 코로나19 이후 고용 악화가 소득분배 악화로 이어질 가능성이 크다는 데 있다. 예를 들어 고졸 이하 저학력자가 '고용취약' 일자리에 종사할 가능성은 대졸 이상 고학력자보다 7~24퍼센트포인트 높게 추정되었다. 한국은행 고용분석팀은 "사회적 거리두기가 개별 경제활동인구에 미치는 영향은 개인 특성과 밀접하게 연관되어 있으며, 코로나19에 따른 고용 재조정이 소득분배를 악화하는 방향으로 전개될 가능성이 높음을 시사한다"고 밝혔다.

노인을 위한 나라는 없다

전 세계에서 코로나19가 삶의 기본 조건이자 일상적 위협으로 자리 잡은 시기라고 할 2020년 7월 30일, 테워드로스 아드하놈 거브러여수스Tedros Adhanom Ghebreyesus 세계보건기구 사무총장은 이날 열린 브리핑을 통해 전 세계의 노인 요양원에서 코로나19 사망자의 40퍼센트 이상이 나온 것으로 집계됐다고 밝혔다. 고령층이 코로나19 고위험군이라는 통설이 통계로 다시 한번 확인된 셈이다. 거브러여수스 사무총장은 "장기 노인 요양원에서 지내는 고령자들이 (코로나19에) 취약하다"며, "많은 나라에서 코로나19 관련 사망의 40퍼센트 이상이 장기 노인 요양시설과 연관이 있다"고 덧붙였다. 그는 "고령층이 중증 질병의 위험이 더 크지만 젊은 층 역시 위험에 처해 있다"고 지적하고, "우리가 마주한 도전의 하나는 젊은이들에게 이 위험을 제대로 알리는 것"이라고 강조했다.

거브러여수스 사무총장은 "몇몇 나라의 확진자 급증이 북반구 여름철의 일부 시기에 경계를 늦춘 젊은이들에 의한 것이라는 증거가 있다"고도 말했다. 이어 그는 "젊은 층도 코로나바이러스에 감염되고 사망할 수 있으며 다른 이들에게도 바이러스를 전파할 수 있"기에 "젊은이들도 스스로와 다른 이들을 보호하기 위해 모두와 같은 예방 조치를 취해야 한다"고 촉구했다.

세계보건기구의 확인은 새삼스럽지 않다. 코로나바이러스에 감염된 손자·손녀가 자신들은 병을 이겨냈지만 할아버지·할머니에게 바이러스를 옮겨 사망에 이르게 했다는 소식을 흔히 듣는다. 내 주변에서는 고령층 부모가 있을 때 만약의 사태를 방지하기 위해 아예 만남을 자제하는 사례를 종종 볼 수 있다.

거브러여수스 사무총장 브리핑의 요체는 (짐작한 것이었지만) 고령층이 고위험군이며 코로나19의 위험에 대해 젊은이들이 제대로 인지하고 올바르게 행동하도록 설득해야 한다는 것이었다. 젊은 층 설득이 필요한 이유는, 기본적으로 고위험군이 아닌 젊은이들이 그 특성상 자발적으로 윗세대를 배려하는 생활 태도를 견지하기가 쉽지 않아 보이기 때문이다. 따라서 내 주변 사례에서 시행되는 것과 같은, 세대 간의 거리두기가 고령층에게 사실상 유효한 자구책일 수 있다.

코로나19가 세계 전역으로 번져나간 초기에 의료 붕괴가 거론될 정도로 이탈리아가 심각한 피해를 본 것에 관해, 한 연구는 이탈리아의 인구구조와 문화가 피해를 키웠다고 말한다. 옥스퍼드대학 인구통계학자이자 전염병학자인 제니퍼 빔 도드Jennifer Beam Dowd 연구팀은《PNAS》에 게재한 논문 〈코로나19 치사율과 전파율을 이해하기 위한 통계과학적 근거Demographic science aids in understanding the spread and fatality rates of COVID-19〉를 통해 이같이 분석했다. 요약하면 원인은 크게 두 가지로, 먼저 이탈리아의 고령자 인구 비중이 세계에서 두 번째로 높다는 것, 다음으로 이탈리아 젊은이들이 그들의 조부모 등 노령층과 종종 어울린다는 것이었다.

이탈리아의 65세 이상 고령자 인구 비중은 23퍼센트인데 미국(16퍼센트) 등과 비교하여 매우 높은 수준이다. 이는 곧 코로나19와 관련해 고위험군 비율이 높다는 뜻이기도 하다. 아울러 연구팀은 이탈리아 젊은이가 노인과 자주 교류하는 경향이 이탈리아에서 코로나바이러스 확산에 영향을 미쳤다고 분석했다. 연구팀은 "이탈리아 젊은이들은 부모·조부모와 시골에 살면서 밀라노 같은 도시로 출퇴근하기도 한다"며 "도시와 시골집을 오가는 젊은이들의 통근이 코로나바이러스를 확산시켰을 수 있다"고 주장했다. 도시에서 일하고 즐기는 이탈리아 젊은이들이 도시 생활 속에서 군중과 접하여 코로나바이러스에 감염된 채 집으로 돌아와 가족에게 바이러스를 전파했으리라는 가설이다. 무증상 감염 젊은이들이 바이러스에 가장 취약한 조부모에게 전염병을 전해주지만, 자신들은 전염시켰다는 사실조차 알지 못한 채 지나갈 수 있다는 뜻이다.

고령층은 기관지와 폐가 상대적으로 더 약해, 코로나바이러스에 감염됐을 때 폐렴과 같은 질병이 유발되어 세계보건기구가 확인한 대로 다른 연령층에 비해 높은 치명률을 보이게 된다. 코로나바이러스는 과학 및 의료 기술 발달로 인간 수명이 늘어난 문명시대에 새로운 도전인 셈이다.

고령층이 코로나바이러스로부터 가장 취약하다면 고령 인구가 적은 아프리카 등의 저개발국은 인구 내에 고위험군을 상대적으로 적게 보유한 곳으로 볼 수 있다. 그러나 젊다고 안전한 것은 아니고 다른 변수가 중첩되기에, 당연히 고령층 비중만으로 어떤 국가나 지역, 도시의 코로나19 피해 정도가 결정되지는 않는다. 동시에 이 말은 다른 변수가 통제된다면, 즉 삶의 조건이 같다면 우리가 확인한 대로 젊은이보다 노인이 코로나19에 희생될 확률이 높다는 뜻이기도 하다. 영화 제목 그대로 '노인을 위한 나라는 없다'는 게 현실이 되고 있다고나 할까.

사회적 면역력이 낮은 계층에게 더 가혹한 코로나 시대

영국의 보리스 존슨Boris Johnson 총리는 코로나19 역사에 꼭 기록될 인물이다. 국정 최고책임자 가운데 최초로 코로나19 확진 판정을 받았기 때문이다. 2020년 3월 27일 코로나19 확진 판정 소식을 알린 후 존슨 총리는 약 한 달을 총리관저에서 자가격리하며 화상회의 등을 통해 국정을 수행했다. 3월 31일에는 각료 전원이 참석하는 화상회의를 열어 회의를 주재했다. 각료 전원이 화상으로 내각회의를 연 첫 사례로 기록된 이날 회의에는, 코로나 시대의 기린아로 부상한 화상회의 플랫폼 '줌Zoom'이 사용됐다.

영국은 자유주의 종주국답게, 코로나19 국면에서 독특한 방역 노선을 걸은 스웨덴보다 집단면역 접근법에 원래 더 우호적이었다. 스웨덴이 스스로는 집단면역 접근법을 선택했다고 말하지 않고 '시민참여형 책임방역'을 추진했다고 주장한다는 차이가 있기는 하다. 코로나19 사태 초창기만 해도 영국 정부는 집단면역 접근법을 선호했다. 코로나19 확진 판정을 받기 전인 2020년 3월 12일, 존슨 총리는 코로나19에 맞서 가장 위험부담이 적은 길을 택하겠다는 입장을 밝혔다. '가장 위험부담이 적은 길'이란 당시 중국 등 일부 아시아 국가와 이탈리아에서 시행한 것과 같은 극단적인 격리 조치를 취하는 대신 집단면역을 키우겠다는 방침으로, 바이러스를 전멸剪滅하기보다는 억제하는 노선을 의미했다. 정확히 어느 정도의 인구가 감염돼야 집단면역에 도달할지 전혀 모르는 상태에서, 또 영국 정부 전문가들이 그것을 80퍼센트로 추정하는 비관적인 전망 속에서 존슨 총리는 말하자면 자유주의 방역정책을 추진하겠다고 밝힌 것이다.

집단면역으로 얻게 될 구체적 이득이 무엇인지를 따지기에 앞서 최대 50만 명으로 추정되는 사망자를 발생시키고, 존슨 총리의 말대로 "많은 이들이, 사랑하는 사람이 떠나는 것을 지켜봐야 하는" 비극을 감내하면서까지 원하는 수준의 집단면역에 도달해야 할 이유는 무엇이었을까? 만일 그런 비극을 견뎌내기만 한다면 영국은 차후에 감염 걱정 없이 해외 교역을 재개하는 첫 번째 나라가 될 수 있을 터였다. 다시 말해 세계에서 가장 먼저 또 (한시적이긴 하지만) 가장 많은 인구가 '면역여권immunity passport'을 보유한 나라가 되는 것이다. 그러나 존슨 총리는 자유주의 방역 방침을 천명한 지 4일 만에 정책을 변경했다. 그는 세계보건기구와 여론의 강력한 반발에 백기를 들고, 스포츠 경기를 금지하는 등 사회적 거리두기 정책을 점점 강력하게 시행했다.

사실 스웨덴의 방역 모델인 집단면역이라는 접근법 자체는 국민을 마구잡이로 감염병 앞으로 내모는 절대방임을 뜻하는 것이 아니었다. 크게 보아 차이가 없을지 모르지만 집단면역은 노약자 등 기초 면역력이 떨어지는 취약 집단은 보호하고, 면역력이 높은 집단, 즉 피해가능성이 낮은 집단을 바이러스에 노출해 전체 사망 확률을 낮추면서 면역 비율을 높이자는 발상이다. 취약 집단은 바이러스를 이겨낸 집단으로부터 사후적으로 새로운 면역 혜택을 공유할 수 있다.

문제는, 취약 집단과 비非취약 집단이 그렇게 명확하게 구분되는 것이 아닐뿐더러 설령 둘을 구분하여 바이러스에 노출했다 하여도 생물학적 면역력과 무관하게 '사회적 면역력'이 낮은 계층에 희생이 집중될 수 있다는 데서 발생한다. 바이러스와 치르는 전투에 누구를 참여시키고 누구를 참여시키지 않을 것인지는 국민의 생명을 담보한 고도의 정치 행위인데, 그것이 정부의 재량 범위 안에 속하는지 또한 의문이다. 영국이 집단면역 노선을 택했다면, 아마도 맬서스가 '맬서스 트랩'에서 벗어나기 위해 빈곤층의 희생을 당연시한 것과 이념상 일치하는 결과를 낳았을 것이다.

토마스 맬서스와 애덤 스미스의 조국답게 영국은 자유주의 접근 방식을 노골적으로 천명한 유일한 국가다. 네덜란드의 마르크 뤼터Mark Rutte 총리 또한 자국 인구의 60퍼센트가 적정 기한 내에 전염되기를 기다리고 있다고 조심스럽게 언급한 적이 있지만 크게 주목받진 못했다. 특별히 명시적으로 원칙을 선언하진 않았으나, 보리스 존슨 총리의 못다 이룬 꿈을 내용상 담대하게 실천한 이는 미국의 도널드 트럼프 대통령이다. 이런 철학을 공유한 국가가 미국·영국·네덜란드라는 사실은 공교롭다고 말할 수도, 필연적이라고 말할 수도 있겠다.

미국은 코로나19의 최대 피해국이다. 전체 인구에 대비하면 사망자와 확진자 비율이 압도적으로 높은 것은 아니지만 절대적인 수가 압도적으로 많다. 미국의 코로나19 피해는 양적으로 심각한 수준인데 질적으로는 더욱 심각하다.

미국에서 의료보험 미가입자가 코로나19 치료를 받으면 병원비로 4만 2,500~7만 5,000달러의 청구서가 날아올 것이라는 미국 CNBC방송의 보도는 피해의 질적 문제점을 단적으로 드러냈다. 미국 워싱턴주의 어느 병원은 코로나19로 62일간 입원 치료를 받은 일흔 살의 마이클 플로르Michael Flor에게 우리 돈으로 13억 원이 넘는 진료비를 청구하여 미 언론에 대서특필됐다. 다행히 플로르는 노인의료보험 제도에 해당하는 '메디케어Medicare' 대상자로 진료비를 직접 지불하지는 않았다. 그러나 미국인이 모두 플로르 같은 행운을 누릴 수 있는 것은 아니다.

미국인 3억 3,000만 명 가운데 의료보험 혜택을 받지 못하는 인구는 가장 최근 통계로 약 2,750만 명이다. 〈워싱턴 포스트〉는 1,200만~3,500만 명이 코로나19 사태로 직장의료보험을 상실할 것으로 전망했다. 대한민국 인구에 맞먹는 수의 미국인이 의료보험 없이 코로나 터널을 통과할 처지가 된 것이다. 물론 의료보험 미가입자들이 CNBC방송이 분석한 수준의 의료비를 감당하며 코로나19를 치료할 것이라고 상상하긴 힘들다.

따라서 갤럽Gallup과 웨스트헬스West Health가 시행한 〈의료보험료 설문조사〉에서 미국 성인 열 명 중 한 명꼴로 자신에게 코로나19 증상이 나타나도 치료는 물론 검사 자체를 포기하겠다고 답한 것은 당연해 보인다. 애초에 의료보험 미가입자는 극빈층이고, 직장의료보험에서 떨어나 보험 혜택을 잃어버린 사람들은 실직자이니 코로나19보다는 당장의 생계를 걱정해야 한다. 이들의 처지는 아프리카인과 크게 다르지 않다. 반면 미국의 부유층은 세계 다른 나라의 부유층과 마찬가지로, 또는《데카메론》의 등장인물들처럼 완전히 격리된 개인 소유의 섬이나 호사스러운 별장으로 피신한다. 거기서 그들은 하인의 시중을 받으며 무료하지만 쾌적하고 사치스러운 삶을 영위하면서, 만일 보아야 할 업무가 있다면 다양한 ICT기술을 활용하며 안전하게 지낼 것이다.

즐겨 찾던 스타벅스를 잠시 멀리하고 재택근무를 택하는 정도의 변화를 중산층이 꾀한다면, 저소득층에게는 일어날 변화도 꾀할 변화도 없다. 유일하게 일어날 가능성이 있는 변화이자 최악의 변화는 일자리를 잃는 것이다. 코로나바이러스가 기승을 부려 공포가 극에 달할 때도 저소득층은 매일 떠밀리듯 일터로 나간다.

코로나19와 관련하여 미국 언론이 주목하고 자주 보도한 내용은, 코로나19로 인한 흑인 사망 비율이 백인보다 높다는 사실이었다. 예를 들어 시카고에서 흑인은 시 인구의 30퍼센트에 불과하지만 코로나19 사망자 중에서는 70퍼센트의 비율을 차지했다. 위스콘신주의 흑인 인구 비율은 고작 6퍼센트지만 전체 사망자 중에서는 흑인이 약 40퍼센트였다. 미국의 다른 도시나 지역에서도 비슷한 경향이 확인된다. 2019년

5월 시카고의 첫 흑인 시장으로 취임한 로리 라이트풋Lori Lightfoot은 코로나19 흑인 사망 통계를 보고 "숨이 멎을 것 같았다"며 "시장에 취임한 이후 접한 수치 중 가장 충격적이었다"고 말했다.

그러나 '숨이 멎을 것 같은' 상황은 어느 나라에나 있다. 부르는 이름이 달라서 그렇지, 어느 나라에나 '흑인'이 존재한다. 지금 소개할 사례는 모든 어려움이 한꺼번에 중첩된 코로나 시대에, 한국의 '흑인'으로 대구에 사는 58세 여성 금순 씨(가명)가 겪은 일이다.°

'야쿠르트 아줌마'로 불리는 방문판매원 금순 씨는 2020년 2월 코로나바이러스에 감염됐다. 3월에 치료를 마치고 퇴원했지만 돌아갈 일자리가 없었다. 회사는 쉬라고만 했다. 쉴 수 없는 게 그에겐 당장 소득이 필요했는데, 무엇보다 당장 이자를 내야 했기 때문이었다. 앞서 금순 씨는 폭력 남편과 떨어져 마음 편하게 살아보려고 대구 동성로의 오피스텔을 분양받았다. "이 나이에 안 때려도 몸이 아픈데… 내가 맞아가면서 왜 살아야 하는 건지… 아저씨가 막노동하는데, 일은 열심히 하는데 365일 중에 360일을 술을 먹어요. 맨날 술이 떡이 되어서 집에 들어와서 자기 기분이 더러우면 화풀이를 저한테 하

°　이 사례는 "[취재파일] 코로나19에서 회복한 58살 금순 씨의 이야기"(〈SBS 뉴스〉) 2020년 8월 16일)를 참고하여 정리했다.

는 거예요. 애들한테도 ××년 하면서 욕하니까.”

금순 씨는 가정폭력으로 경찰에 여러 차례 신고를 해서 담당 경찰관이 얼굴을 기억할 정도였다. 그래도 금순 씨는 아이들을 생각해 이혼하지 못했다. 아이들이 다 자란 지금 그는 이혼을 준비하고 있지만 이마저 여의치 않다. “살다 살다 뛰쳐나왔는데, 갈 데가 있습니까, 돈이 있습니까. 소송비용도 없고 어지간하면 합의 이혼하려고. 이번에도 길에서 무릎 꿇고 빌었어요. 제발 이혼해달라고.”

금순 씨는 방문판매원으로 3년간 하루도 쉬지 않고 일해서 모은 돈을 오피스텔을 분양받는 데 쏟아부었다. 계약대로라면 이미 지난해에 입주했어야 하지만 공사가 중단됐고, 금순 씨는 무리한 사업 확장으로 자금난에 처한 시행사를 대신해 금융기관에 이자를 내고 있다. 남편에게 돌아갈 수는 없고, 셋방을 구할 보증금이 없었던 금순 씨는 치매를 앓는 구십 대 노모의 임대주택에 얹혀살고 있다.

금순 씨는 생활비와 매달 닥쳐오는 이자 상환을 위해 일용직을 전전했다. 그러나 코로나19는 그에게 큰 후유증을 남겨 노동 후에 쓰러져 응급실에 실려 가기도 했다. 그러다가 채무를 받아서 은행으로 보내주는 아르바이트를 시작했는데 곧 경찰에 체포됐다. 알고 보니 아르바이트가 보이스피싱 조직의 심부름이었다. 현행범으로 체포된 금순 씨의 사건은 검찰로 송치되어 수사가 이어지고 있고, 금순 씨는 이번에도 돈이 무서워 변호사를 선임하지 못했다. 그는 요즘 공공 일자리를 얻어 길거리 청소를 하며 월 100만 원가량을 벌어 이자를 내고 남은 돈으로 생활한다.

사회보험이라는 면역

《21세기 자본Le Capital au XXIᵉ siécle》으로 잘 알려진 프랑스의 경제학자 토마 피케티Thomas Piketty가 코로나19 사태를 두고 '치명적 불평등a virulent inequality'을 드러낸 위기라고 진단한 것은 타당하다.

코로나19가 확산일로이던 2020년 4월 14일 BBC는 특별한 동물원 소식을 전했다. 동물원이란 것이 탄생한 이후 아마도 이런 유형의 보도는 처음이었을 텐데, 바로 독일 북부에 위치한 노이뮌스터 동물원Tierpark Neumünster 이야기다. 이 동물원 원장은 "도살할 순서를 적은 동물 리스트를 만들었다"고 밝혔다. 예를 들어 동물원에 사는 바다표범과 펭귄은 매일 많은 양의 신선한 물고기를 먹어야 하지만, 동물원은 수입 감소로 그들의 먹이를 사들이는 데 곤란을 겪었다. 원장은 "머지않아 동물들을 잡아 서로에게 먹이로 줘야 할 판"이라고 말했다.

살아 있는 농물을 쉴 틈 없이 돌봐야 하는 사업 특성상 동물원은 휴업해도 비용을 절감할 수 없다. 전시된 동물에게 매일 먹이를 주고 보살펴야 하며, 열대 동물을 전시했다면 온도를 20도 이상으로 유지해야 한다. 결국 불쾌한 최후 수단은 '효율적인 도살 리스트'를 작성하여 실행하는 것인데, 이 일이 실제로 일어났는지 굳이 후속 보도로 확인하진 않았다.

나는 이 기사를 보면서 현대의 인간 사회에도 이 도살 리스트가 있다고 생각했다. 권력자·정치가·관료들은 별 불쾌함 없이 일상의 업무로 평소 이 리스트를 작성한다. 물론 코로나 19 사태 전의 동물원처럼 충분한 수입이 보장되면 동물원 내의 어떤 동물을 희생시켜 다른 어떤 동물의 먹이로 쓰는 일은 일어나지 않는다. 번성하는 동물원이라면 먹이는 외부에서 조달된다. 그러나 노이뮌스터 동물원처럼 비상사태에 직면하게 되면 모든 국가나 사회는 내부의 희생으로 버텨나간다. 이때 권력이 누가 죽고 누가 살지를 결정하게 된다.

봉쇄령 아래서 누가 얼마만큼 이동할 권리를 가질지 결정하는 것을 포함해, 본격화할 경제 위기에서 한정된 자원을 어디에다 투입할지를 국가가 결정할 때의 원칙을 상상하기는 쉽다. 공공성, 공정성, 투명성 등 웬만한 사람이라면 즉각 읊어댈 수 있다. 그러나 개념어는 어떤 현실도 완성하지 못한다. 이러한 결정은 전혀 새로운 바탕 위에서 모색되는 것이 아니라 (과거를 포함한) 현재완료이자 현재진행이자 미래완료로 내려진다. 예컨대 돈 많은 사람을 위해 돈 없는 사람이 죽어야 한다고 말한다면 민주주의를 국시로 내세운 현대국가에서 가능한 일이 아니라고 전면적인 반론이 나오겠지만, 사실 그것은 전쟁 시기 한국이나 미국 등 거의 모든 나라에서 일어난 일이고, 코로나19의 대유행에서도 과거 흑사병이 돌던 중세 유럽과 마찬가지로 정도의 차이만 있을 뿐 비슷한 현상이 목격된다. 살펴본 대로 미국 흑인의 치명률은 백인에 비해 매우 높다. 흑인이 노인처럼 고위험군이 아닌데도 말이다.

여기에는 사회적이고 계급적인 근거가 있다. 조금 과격하게 말해, 미국 사회가 백인을 살리기 위해 흑인이 죽도록 이미 계급적이고 인종적인 결정을 사전에 내려놓은 상태라는 것이 나의 진단이다. 물론 총체적이고 집합적이며 국가적인 결정이어서 특정한 개인이 그 결정을 내리지는 않았지만 결정권의 크고 작음만 있을 뿐, 모든 개인이 그 결정에 관여된 것 또한 사실이다.

'흑인'이 미국에만 있는 것이 아니듯 계급적이고 인종적인, 포괄적으로 보아 차별적인 사전 결정 또한 미국에만 내려져 있는 것은 아니다. 코로나19를 겪어내며 우리는 우리 안의 '흑인'과 우리 안의 '사전 결정'에 관해 숙고하는 계기를 만들어내야 한다. 그것이 코로나바이러스로부터 굳이 찾아내야 할 거의 유일한 긍정적인 기능이 아닐까.

그러나 결국은 숙고가 필요하겠지만 당장은 행동이 절실하다. 노이뮌스터 동물원 사례도 끔찍한데, 인간이 살아가는 현실은 더 끔찍하기 때문이다. 한국은행의 〈코로나19에 대한 고용취약성 측정 및 평가〉에서 제시한 숫자는 숫자이기 때문에 현실감이 떨어지지만, 다가올 '노이뮌스터 동물원' 해법을 에둘러 말했다고 봐야 한다.

어쩌다 들른 단골 식당에서 저녁을 먹다가 주인과 나눈 대화가 생각난다. "매출이 줄었지만 임대료 등이 그대로라 운영이 어렵다"는 이야기를 듣고서 내가 "건물주는 임대료 안 깎아주냐"고 묻자, "'착한 임대인'은 신문·방송에만 나오는 모양"이라며 주인은 웃었다. 오후 9시에 맞춰 식당을 나오는데, 그는 그나마 자신은 나은 편이라며 맞은편 노래방을 가리켰다. 영업 제한에다 손님이 없어 아예 문을 닫아걸었지만 계약 기간이 남아 노래방 주인이 임대료만 내고 있다는 설명이었다.

실제로 서울 마포구 홍대 인근에서 30평 규모의 코인노래방을 운영하는 41세 이모 씨가 코로나19 사태 이후 가게 문을 열지 못한 기간은 총 104일이었다. 그는 2020년 5월 22일~7월 10일, 8월 19일~10월 11일 두 차례 영업을 중지했다. 정부가 코인노래방을 포함한 노래연습장을 코로나바이러스 고위험시설로 분류해 집합금지명령을 두 차례 내렸기 때문이다. 같은 기간 이 씨는 매출이 전혀 없는 상황에서 고정비용 400여만 원을 지출했다.° 코로나19 사태와 함께 확대된 택배 물류를 두고 언론은, 다가올 '비대면' 흐름이 앞당겨진 불가피한 현상으로 해석했을 뿐 택배노동자의 과로에는 주목하지 않았다. 택배노동자의 과로사가 잇따르자 뒤늦게 회사가 사과하고 언

° "'노래방, 왜 코로나 위험시설?' 업주 묻자… 정부 43일간 답변 핑퐁", 〈조선일보〉 2020년 10월 21일.

론이 받아쓰며 일부는 심층 보도했지만, 코로나19 사태 한가운데서 근본적인 해법이 도출되기는 난망하다.

이스타항공 직원 615명의 해고와 노동조합 집행부의 국회 앞 단식농성을 보며 놀란 사람은 없었다. 코로나19 발발과 함께 유례없는 경제 불황이 도래하면서 특히 항공업계가 직격탄을 맞을 것으로 예견됐기 때문이다. 예견은 누구나 한다. 아무나 할 수 없지만 꼭 필요한 일은 예방과 대응이며, 그 일의 주체는 개인이지만 동시에 국가와 사회여야 한다. 예견하고 예방하는 일이 모두 개인에게 맡겨져 있다면, 코로나19 사태 같은 돌발 상황에서는 극단적인 '노이뮌스터 동물원' 해법만이 가능할 뿐이다. 시쳇말로 그것이 국가인가.

국가와 정부로서는 바이러스에 맞서 싸우는 것 못지않게 중대한 과업이 사회 구성원을 지키는 것이라는 원론을 확인할 시점이다. 정말로 집단면역을 추구해야 한다면, 그 면역은 사회보험이라는 면역이어야 한다. 취약계층이 슬픈 '숙고'에 빠져드는 대신 당당하게 도와달라고, 보호해달라고 국가와 사회를 소환할 수 있어야 정상적인 나라다. 국가와 사회는 이 소환에 언제나 응할 수 있도록 역량과 태세를 갖춰야 하고, 행동해야 한다. 안타깝게도 너무나 많은 약한 고리가 뚝뚝 끊어지려 한다. 지금 있는 사회안전망을 최대한 활용하되 없는 사회안전망은 급조해서라도, 밑바닥으로 추락하는 사람들을 지켜내야 하지 않을까. 이 과업은 'K-방역'보다 훨씬 더 중요하다.

그러나 'K-사회안전망'이 'K-방역'만큼 신뢰를 얻지는 못

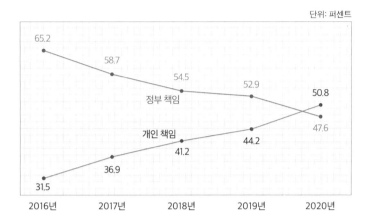

정부가 국민의 복지에
더 많은 책임을 져야   VS.   개인이 자신의 생계에
더 많은 책임을 져야

단위: 퍼센트

65.2
58.7
54.5
52.9
50.8

정부 책임

개인 책임

47.6
44.2
41.2
36.9
31.5

2016년   2017년   2018년   2019년   2020년

출처: 〈시사IN〉 대한민국 신뢰도 조사

하는 듯하다. 2020년 10월 7일 〈시사IN〉의 '대한민국 신뢰
도 조사'에 따르면, '개인이 자신의 생계에 더 많은 책임을 져
야 한다'는 응답(50.8퍼센트)이 '정부가 국민의 복지에 더 많
은 책임을 져야 한다'는 응답(47.6퍼센트)보다 이 조사가 시행
된 이후 처음으로 더 높게 나타났다. 조사 기간이 2020년 9월
18~20일인 것을 감안하면 이것이 '코로나 민심'이라 해도 좋
겠다.

현실이 팍팍하고 사회안전망이 부실하다 보니 믿을 건 내
몸뚱이밖에 없다는 각자도생의 인식이 조사 결과에 반영되었
다고 보는 것이 아마 납득할 만한 해석일 텐데, 그렇다면 아예

국가와 사회에 요청하기를 그친 사람이 늘었다는 의미여서 우려된다. 이 결과는, 정부를 소환하기보다는 국민이 스스로 숙고하는 길을 택했다는 지표로 받아들여질 수 있어 'K-방역'으로 성가를 높인 대한민국의 코로나19 이후를 낙관할 수 없게 한다. 코로나19 사태를 통과하며 국가와 사회가 우선하여 무엇을 해야 하는지는 이제 분명해진 게 아닐까.

⑥ 팬데믹이 창궐하면 인포데믹도 기승을 부린다

누군가 얘기해서 설마 하고 유튜브YouTube를 검색했더니 실제로 지구가 구球인지 평면인지를 두고 논란을 벌인 엄청나게 많은 자료를 확인할 수 있었다. 개중엔 웃자고 하는 이야기가 있는가 하면, 꽤 진지한 '평평론자'의 주장이 있어 깜짝 놀랐다. 어떤 '둥글론자'들은 '평평이'들과는 대화가 안 된다고 한탄했다.

중세도 아니고 '지구 평면설'이라니. 이 해괴한 논란에 교황 대신 미국 NBA 스타 카이리 어빙Kyrie Irving이란 인물이 등장한다. 어빙이 황당하게 '지구 평면설'을 언급한 바람에 미국에서 논란이 학교로 확산했고, 일각에서 학생들이 NBA 스타 어빙을 신뢰하고 교사를 불신하는 사태가 빚어졌다. 유튜브엔 음모론의 시각에서 지구가 둥글다는 '사실'을 비판하는 동영상이 넘쳐난다. 일부 청소년에겐 과학 교과서 대신 유튜브가 지구 형태를 판단하는 논거로 사용됐다.

미국 내에서 과학 교사가 보여준 '지구가 둥글다'는 동영상을 학생들이 불신한 상황이 알려지자, 어빙은 자신의 발언을 사과하며 유튜브를 탓한 것으로 전해진다. 문제는, 그럼에도 이 21세기에 아직도 '지구 평면설'을 믿는 사람이 존재한다는 사실이다. '지구 평면설'은 하나의 극단적인 예에 불과하다. 많은 '가짜 뉴스' 혹은 '가짜 정보'가 유튜브에선 걸러지지 않고 자체 알고리즘에 의해 타인에게 계속 추천되어 널리 시청된다.

넷플릭스Netflix가 자체 제작해 2020년 9월 공개한 다큐멘터리 〈소셜 딜레마The Social Dilemma〉는 소셜미디어의 폐해를 고발한다. 이 다큐멘터리에서 우리는 전직 소셜미디어 업계 종사자들의 양심선언 비슷한 것을 볼 수 있다. 소셜미디어를 운영하는 거대 다국적 IT기업이 이용자를 가능한 한 오래 붙잡아두어 광고 수익을 극대화한다는 것은 공공연한 비밀이다. 한데 이용 시간을 늘릴 수 있다면 '가짜 뉴스' '가짜 정보'를 퍼뜨리는 행위마저 마다하지 않는다는 것이 〈소셜 딜레마〉의 핵심 고발 내용이다. 음모론과 '가짜 뉴스'가 이용자에게 잘 먹히는 현상은 소셜미디어의 대표적인 폐해다. IT기업들이 폐해를 키우면서 큰돈을 버는 동안 민주주의의 근간이 흔들리고 상식이 위협받게 된다.

이것은 생각보다 큰 위협이다. 어빙의 '지구 평면설'과 비슷한 사례로, 코로나19 국면에서 특정 정보를 맹신한 사랑제일교회 신도들의 비상식적이고 기이한 행태를 우리는 목격한 바 있다. 극우 집단에서 통용되는 적잖은 '가짜 뉴스'가 '유튜브 발發'이다.

상황이 이렇다 보니 소셜미디어에 대한 적정 수준의 규제가 필요하다는 의견이 적지 않다. 〈소셜 딜레마〉에서도 비슷한 주장을 펼친다. 그러나 '가짜 뉴스' '가짜 정보'를 걷어내는 데엔 한계가 있다. 〈소셜 딜레마〉를 예로 들면 이 다큐멘터리의 제작사가 넷플릭스이기 때문에 넷플릭스가 경쟁사인 페이스북이나 구글을 공격하려고 일부러 선정주의 관점으로 접근했다는 예의 음모론이 대두된다. 기술적으로는 옛 미디어와 새 미디어에 걸쳐 펼쳐진 그야말로 광대무변한 언로와 정보를 통제하는 일은 북한과 중국 같은 일부 권위주의 국가에서만 가능하다. 그러나 소셜미디어와 다양한 뉴스 플랫폼을 '정화'하기 어려운 근본적인 이유가, 언론자유 같은 헌법적 가치 때문이라고 생각한다면 착각이다. 이곳이 자본의 논리에 장악되어 다른 가치의 개입을 원천 배제하기 때문이라는 것이 정답에 가깝다.

14세기 중엽 세계 전역에서 흑사병이 창궐하자 사람들은 공포에 휩싸여 왜 이런 일이 일어났는지 이해하려고 애썼다. 당시의 문명 수준으론 '신의 심판'이 그나마 가장 받아들일 만한 해석이었다. '믿을 만한'(혹은 '그럴듯한') 정보가 너무 적었기 때문이다.

2차 대역병으로 불리는 14세기의 흑사병 팬데믹이 발발하여 기승을 떨치기 시작할 무렵, 어느 비非기독교 왕국의 왕은 듣도 보도 못한 괴질로 자신의 백성이 순식간에 그토록 많이 죽어가는 사태에 놀라 기독교로 개종하기로 결심했다고 한다. 기독교 신앙을 거부한 죄로 하느님의 복수가 자기 백성에게 떨어졌다고 판단했기 때문이다. 그리하여 왕은 흑사병의 와중에 교황을 만나고자 신하들과 함께 길을 나섰다. 교황을 만나 회개하고 세례를 받아 기독교인이 되려 한 것이다. 그러나 여행한 지 얼마 지나지 않아 그는, 괴질이 하느님을 믿는 기독교 국가들에도 널리 퍼졌음을 알게 된다. 전하는 이야기에 따르면, 말 머리를 돌려 고국으로 돌아가는 이 이교도 왕의 무리를 기독교인들이 공격하여, 결국 신하와 병사 수천 명이 목숨을 잃었다고 한다.

21세기의 '지구 평면설'이나 14세기의 '신의 심판설'은 파괴력은 달랐지만 둘 다 가짜 정보라는 공통점을 갖는다. 오늘날 사람들이 정보의 홍수 속에서 익사할 위험에 놓여 있다면, 과거에는 정보의 가뭄 속에서 목말라 죽을 위험에 놓여 있었다고 말할 수 있다. 그러므로 중세에 통용된 '지구 평면설'이 지금 다시 거론되는 상황이 아주 말이 안 되는 상황은 아닌 셈이다. 물론 가끔 비슷한 결과를 산출하더라도 14세기와 21세기의 정보 생산과 유통 시스템에는 엄연한 구조적 차이가 있다. 그런데 드물기는 하지만 이런 구조적 차이가 무화하는 특별한 시기가 있는 것 또한 사실이다. 그 시기는 바로, 전혀 새로운 사태가 기존 시스템이 감당하지 못할 방대한 규모로 들이닥칠 때다.

시공간을 막론하고 위기나 재앙은 종종 인간의 무지와 야만을 뚜렷하게 돌출시키는 계기가 된다는 점을 기억할 필요가 있다. 전면적이고 전혀 새로운 위기 국면에서는 기존 지식과 정보가 무용지물일 때가 많다. 또한 위기가 증폭되면 기존의 공식적인 정보 유통 경로에 대한 불신이 고개를 들기 마련이다. 위기 대처 시스템이든 정보 유통 시스템이든 모두 기성 제도권 혹은 기득권에 의해 운영되기 때문에, 위기 증폭 시 현존 리더십에 대한 신뢰의 균열과 상실은 여러 부문으로 빠르게 확산한다. 이러한 상황에서 사람들은 사적으로 신뢰하는 경로에서 취득한 정보에 더 힘을 싣는 경향을 보인다.

팬데믹 못지않게 무서운 인포데믹

코로나19 사태 이후 언론 보도나 인터넷상에서 가장 많이 사용된 단어는 두말할 나위 없이 '코로나'일 테고, 그 술어 격의 하나인 '팬데믹' 또한 많이 사용되었다. 심지어 2020년 7월엔 '팬데믹'이란 제목의 영화가 국내에서 개봉했을 정도다. (이 영화가 내용상 팬데믹을 다루고 있긴 하지만 원제는 'ONLY'였다.)

　세계보건기구에서 내린 정의를 굳이 참고하지 않더라도 사람들은 팬데믹이 세계적으로 감염병이 대유행하는 사태를 일컫는다는 사실을 안다. 징후보다는 징후를 일으킨 경로에 초점이 맞춰진 감염병 개념은, '감염'이란 수식어가 붙지 않은 다른 병과 동일하게 인간 신체에 부정적인 변화를 일으키는 물리적 현상을 가리킨다. 그런데 물리적 현상인 팬데믹에 비非물리적 현상이 수반되곤 하니, 그것이 바로 '정보전염병'

으로 번역되는 인포데믹infodemic이다. 인포데믹 역시 병 자체보다는 경로(감염)에 주목한 작명이지만 결과는 마찬가지로 병적이다. 즉 인포데믹의 메커니즘은 비물리적이지만 그런 메커니즘이 작동한 결과가 비물리적이지는 않다.

인포데믹은 '인포메이션information'(정보)과 '에피데믹epi-demic'(전염병)의 합성어로, 잘못된 정보가 미디어·인터넷 등을 통해 전염병처럼 급속하게 퍼져나가는 현상을 가리키는 시사용어다. '인포데믹'이라는 용어는 미국 전략분석기관 인텔리브리지Intellibridge 창립자 데이비드 로스코프David Rothkopf 가 2003년 5월 〈워싱턴 포스트〉 기고문에 처음으로 사용하면서 대중적으로 널리 퍼지기 시작했다. 말하자면 로스코프가 '인포데믹'의 '최초 전파자'인 셈이다.

인포데믹은 일종의 가짜 뉴스이자 잘못된 소문인데, 이러한 커뮤니케이션의 장애는 사실 일상적으로 일어나며 대체로 크게 문제가 되지도 않는다. 사람이 평소 많은 감염원에 노출되더라도 자체 면역력에 힘입거나 예방접종 등 의료체계의 도움을 받아 큰 어려움 없이 살아갈 수 있는 것과 마찬가지다. 용어의 정의에 부합하진 않지만 '소소한' 인포데믹은 역설적으로 때론 삶의 동력이 된다. 갈등이나 오해가 없는 세상은 어찌 보면 인간이 사는 세상이 아니다. 인간 세상은 갈등과 오해를 극복하며 앞으로 나아간다. 인간이 사는 세상의 품격은 갈등과 오해의 유무가 아니라, 갈등과 오해를 해결할 어떤 역량과 구조를 갖췄느냐에 따라 좌우된다. 아예 갈등과 오해가 존재하지 않는 사회는 전체주의 사회이거나 무기력한 사회다.

　인포데믹이 문제가 되는 상황은, 용어에 들어 있는 '에피데믹'이 힘을 발휘하여 잘못된 정보가 '소소한' 수준에 머물지 않고 너무 빠르게 대규모로 퍼져서 혼란과 위기를 증폭시킬 때다. 혹은 반대로 앞서 언급했듯 위기와 혼란이 인포데믹을 초대하기도 한다. 코로나바이러스가 힘을 쓰는 시기가 딱 그런 시기에 해당한다. 로스코프는 과거 사스SARS(중증급성호흡기증후군) 공포로 아시아 경제가 추락한 사례 등을 거론하며 "인포데믹은 한번 발생하면 대륙을 건너 전염된다"고 말했다. 인포데믹이란 용어에 들어 있는 '에피데믹'이란 말을 참작할 때 "대륙을 건넌다"는 설명이 약간 부적절한 게 아닌가 하는 의문이 들 법하지만, 사실 현대 문명에서 어떤 정보가 대륙을 건너는 사건은 사건이라는 말을 써서는 안 될 정도로 비일비재하다.

　여담으로, '대륙을 건너 전염된다'는 의미를 담고 있는 '인포데믹'은 로스코프가 제시한 '인포메이션＋에피데믹'보다는 '인포메이션＋팬데믹'으로 보는 것이 더 적합할 것 같다.° 후자가 선택되지 않은 이유는 당시만 해도 무시무시한 '팬데믹'보

　　　°　국립국어원은 '팬데믹pandemic'을 '감염병 세계적 유행'으로, '에피데믹epidemic'을 '감염병 유행'으로, '엔데믹endemic'을 '감염병 주기적 유행'(주로 '풍토병'이란 의미로 사용되었다)으로 쉽게 풀어 쓰자고 제안한 바 있다.

다는 덜 무시무시한 '에피데믹'이 훨씬 현실적이라고 판단했기 때문이 아닐까. 세계보건기구의 공식 판단과 무관하게 세계인이 팬데믹이라고 지각한 팬데믹은 현대사에서 스페인 독감에 이어 2020년의 코로나19가 두 번째라고 봐야 하며, 100년만의 사건인 만큼 현존하는 인류는 태어나 처음 겪는 사건인 셈이다. 로스코프가 언급한 사스 유행 시기와 비교한다면 지금과 마찬가지로 그때도 세계가 하나였지만 세계가 하나임에 따른 공포의 수위는, 단적으로 그사이에 일어난 반도체의 성능 차이만큼 높아졌다고 말할 수 있겠다.

첨단 ICT기술과 결합한 현대의 세계화는 돈과 정보의 유통량 및 유통 속도를 말 그대로 '천문학적 규모'로 끌어올렸다. 그리하여 현대인은 지구 범위로 작동하는 천문학적 규모의 자본·정보와 함께 살아간다. 정보는 자본에 비해 현대인에게 더 직접적으로 체감되며, 그런 연유로 현상적으론 더 강한 영향을 미친다. 현현顯現으로만 따지면 자본은 극도로 불평등한 반면 정보는 극도로 평등하다. 자본과 연결지어 비유로써 설명하면, 가짜 뉴스는 '투기자본', 인포데믹은 '글로벌 금융위기'에 해당한다. 비非존재에 의한 존재의 압도가 인포데믹의 본질이다.

바이러스의 숙주는 다양하다. 코로나바이러스의 원래 숙주는 박쥐 등 비인간 생명체였지만, 대대적으로 생존의 터전을 인간 쪽으로 옮기면서 2020년 이후 보았듯 인류에게 심각한 위해를 가했다. 반면 인포데믹의 숙주는 단순하다. '불안과 무지.' 인포데믹은 인간의 불안과 무지를 숙주로 하여 전파가 이뤄진다.

인포데믹의 사례는 코로나19 사태 와중에 세계 전역에서 많이 발견되었다. 공식적인 정보의 유통 경로가 온존한 편인 한국에서도 코로나19 사태 초기엔 잘못된 정보가 유통되어 피해가 있었다. 경기도 성남 '은혜의 강' 교회의 소금물 살포 사건이 대표적이다. 2020년 3월 16일 경기도 코로나19 긴급대책단 이희영 공동단장의 브리핑에 따르면, '은혜의 강' 교회는 3월 8일 예배당에 입장하는 모든 신도의 입에 분무기를 이용해 소금물을 살포했다. 코로나바이러스를 예방하는 데 소금물이 좋다는 잘못된 정보를 믿은 어이없는 행동이었다. 보건 당국은 교회의 이 같은 조치가 오히려 코로나바이러스 감염 확산을 더욱 부추긴 것으로 판단했다. 분무기가 각 신도의 입에 닿기도 했고, 닿지 않았어도 사실상 직접 접촉과 다를 바 없는 결과를 초래할 행동이었기 때문인데, 실제 결과도 그랬다.

'소금물 살포'처럼 위험한 것으로 판명되진 않았지만 '10초 숨 참기 자가진단법' '마늘을 차로 끓여 마시기' '생강 물을 끓여 마시기' '통증 완화 기능 연고를 손끝이나 코 밑에 바르기' 등 코로나19 국면 초반에 가짜 정보는 넘쳐났고, 생각보다 많은 사람에게 신뢰를 끌어냈다.

그렇다면 인포데믹을 예방할 수 있는 방법은 무엇일까? 생각보다 간단하다. 코로나바이러스에 감염되지 않으려면 열심히 손을 씻고 사회적 거리두기 등 몇 가지 규칙을 지키면 되듯, 인포데믹은 정보의 출처를 확인하여 믿을 만한 정보만을 선별해 수용하면 퇴치할 수 있다. 찰리 베이커Charlie Baker 미국 매사추세츠주 주지사가 한 이 말을 기억하면 좋겠다. "코로나19에 대한 정보는 신뢰할 수 있는 기관에서 얻어야 한다. 친구의, 친구의, 친구의, 친구의 이웃their friend's friend's friend's friend's neighbor에게서가 아니라."

세계보건기구는 "범람하는 거짓 정보는 전염병만큼이나 위험하다"고 강조한다. 손만 씻을 게 아니라 정보도 씻어야 한다. 개인 위생은 물리적인 것과 비물리적인 것 양쪽에서 준수하는 게 좋다. 아무튼 불안과 무지하고는 친구로 지내지 말아야 한다.

바이러스처럼 인포데믹도 변이한다

정은경鄭銀敬 질병관리본부 중앙방역대책본부장(2020년 9월 12일 이후 '질병관리청장')은 2020년 8월 10일 정례 브리핑을 통해 "해외 입국자에게서 검출된 바이러스에서 감염에 관여하는 스파이크 단백질의 새로운 변이 세 건을 확인했다"며 "세계보건기구에 보고하고, 추가 분석 중"이라고 말했다. 스파이크 단백질은 코로나바이러스 입자 표면을 덮고 있는 돌기로, 바이러스가 인체 세포 안으로 들어가는 데 핵심적인 임무를 수행한다.

변이가 확인된 사례는 파키스탄 유입 사례 두 건, 우즈베키스탄 유입 사례 한 건이다. 파키스탄 유입 사례에서는 스파이크 단백질의 586번 아미노산이 '아스파트산'에서 '글루타민'으로, 혹은 787번 아미노산이 '글루타민'에서 '히스티딘'으로 달라졌다. 우즈베키스탄 유입 사례에서는 스파이크 단백질의 614번 아미노산이 '아스팔틱에스디'에서 '알라닌'으로 변이했다.

여기서 잠시 부연하자면, 세계보건기구는 유전자 염기서열 차이에 따른 아미노산의 변화를 기준으로 코로나바이러스를 S, V, L, G, GH, GR, 기타 그룹으로 분류한다. 이들은 완전히 다른 바이러스가 아니라 형제관계다. 코로나19 발생 초기에는 중국을 포함한 아시아 지역에서 S그룹, V그룹이 주로 유행했다. 4월 이후로는 G그룹이 주도하면서 아프리카·인도·러시아에서는 GR그룹, 북미·유럽·중동에서는 GH그룹이 우세했다. GH그룹은 V그룹에 비해 확산 속도가 여섯 배 빠른 것으로 분석돼 있다. 중앙방역대책본부가 2020년 1~7월 코로나19 확진자의 검체에서 검출한 바이러스 유전자 염기서열을 분석한 결과, 주종을 이룬 것은 다른 유전자형에 비해 전파력이 더 큰 것으로 알려진 GH그룹이었다.

코로나바이러스의 변이가 걱정스러운 것은, 심각한 수준의 변이가 일어나면 최악의 경우 백신 개발에 중대한 차질이 빚어질 수 있기 때문이다. 다행스럽게도 바이러스의 소변이antigenic drift는 백신 개발에 장애가 되지 않는다.

인포데믹에서도 말하자면 변이가 일어난다. 대규모로 확산된 잘못된 정보를 퇴치하려는 노력과 병행하여, 한편에서는 코로나바이러스가 변이를 일으키듯 인접 영역에서 새로운 오해와 가짜 뉴스가 산출되곤 한다. 바이러스와 달리 인포데믹은 전방위적 변이가 가능하다.

코로나19 국면 초기에 한국에서 마스크 착용의 효험을 두고 약간의 논란이 있었다. 이후 마스크 착용에 대해 어느 정도 국민적 합의가 이루어지자 언론과 여론의 관심은 이른바 '마스크 배급제'로 옮아갔다. 이 제도는 정부가 개입하여 1인당 마스크 구매량과 구매 날짜를 정해놓고 약국을 통해 정해진 가격에 공적 판매를 시행한 특별한 사례였다. 사실 '배급제'라는 표현은 부정확하고, 엄밀하게는 가격을 통제한 가운데 시행된 '공적 판매제'라는 말이 맞다. 그런데도 한때 배급제라는 용어가 유통된 이유는, 일각에서 이 용어를 고집하여 "(문재인 정부가) 마스크 배급제를 실시한다"는 말로써 놀랍게도 사회주의 운운하며 경기에 가까운 반응을 보였기 때문이다. 어느 보수 일간지는 마스크 5부제 판매에 대해 "문재인표 사회주의"라고 평가했고, 어느 극우 정당은 "중국, 북한 바라기 현 정권은 퇴진하라"는 논평을 내놓았다. 마스크의 고른 분배가 보건 안전과 국민 위생의 가장 시급한 현안인 상황에서 만일 시장이 제대로 작동하지 않는다면 이른바 '배급' 말고 어떤 선택이 가능했을까.

마스크 착용이 코로나바이러스 감염을 막는 데 실질적인 도움이 되는지가 논의의 테이블에서 슬그머니 사라지고, 뜬금없이 '마스크 사회주의'가 쟁점으로 올려졌다. 이러한 '변이'는 바이러스의 변이를 압도한다. 숙주 없이는 무생물에 가까운 바이러스는 적당한 숙주세포와 결합하면 생물인 양 '번식'하고, 조건이 맞으면 대규모로 번성한다. 그 과정에서 더 강력한 바이러스로 변이를 일으키기도 한다. 인포데믹이 퍼져나가는 양상 또한 동일한데, 확산 메커니즘은 더 복잡하다. 무지와 편견이야말로 인포데믹이 발호하는 온상이지만, 종종 자본과 정치라는 변수가 개입하여 인포데믹 확산에 영향을 미친다.

팬데믹에 빗대어 말하자면, 본령상 백신까지는 아니어도 치료제 정도는 되어야 할 제도권 언론이 인포데믹에서는 변이한 바이러스처럼 기능하는 것이 오늘날 정보사회의 문제점이다. 가짜 정보 중에서도 제도권 언론에서 생산한 가짜 뉴스가 너무 많아지다 보니, 예외적인 오보에 유의하며 이를 바로잡기보다는 평소에 뉴스 자체의 진위를 검증해야 하는 시대가 도래했다. 정보화 사회의 짙은 그늘이다.

여기에다 사적인 경로를 포함하여 다양한 형태의 미디어에서 생산되는 막대한 정보와 그 정보의 신속하고 효과적인 유통은 이 그늘을 치명적인 것으로 만들고 있다. 이러한 그늘이 삶에 드리워진 상황이 현대인에게 기본적으로 주어진다. 팬데믹을 통해 새롭게 지각하게 되었을 뿐, 광의의 인포데믹은 과거 호환·마마라든지 흑사병이 인류에게 고통을 준 것처럼 현대인의 일상에 결코 가볍지 않은 위해를 가한다. 인포데믹이 물리적인 위해와 후유증을 남기지 않는다고 해서 그 폐해가 사소하다고 할 수는 없다.

언론 상업화와 '직접언론'

근대사회가 서구 민주주의를 근간으로 받아들이면서 언론자유는 사수해야 하는 핵심 가치로 인정됐다. 시간이 흐르면서 언론자유라는 이념은 딜레마에 봉착하는데, 언론자유가 주로 '언론사의 자유' 문제로 환원되면서 대형화하고 상업화한 매스컴의 자유와 언론자유가 일치하지 않는다는 사실이 꾸준히 확인됐기 때문이다. 언론자유를 위해선 언론기관이 국영이 아닌 민영이 되어야 했으나, 당초 취지와 달리 민영이 상업화와 등가가 되면서 언론자유는 '자본의 자유'로 변질한다. 물론 공영이라는 대안이 있고 내용상 모든 언론기관이 공영으로 운영되어야 하지만, 자본주의 사회가 필수적으로 요구하는 소유관계 때문에 현실에서 민영과 공영이 결합하기는 힘든 실정이다.

　언론자유를 위한 언론기관의 지속성에 관한 고민은 언론기관의 영리 추구 허용과 함께 대형화를 가능케 했고 시간이 흐르면서 독과점화로 이어졌다. 언론기관의 상업화·대형화·

독과점화는, 언론자유에 역행하는 결과를 낳았다. 신자유주의를 구성하는 핵심 가치인 민영화와 언론자유 문제는 얼핏 다른 맥락에 위치하는 듯하지만, 크게 보아 민영에 의한 공공성의 약화 또는 침해라는 공통점을 갖는다. 언론의 상업화 및 독과점화는 전통적 '시민 민주주의'를 무력하게 하고 '소비자 (유사)민주주의'를 발호하게 한다. 정치적인 것의 상업화와 상업적인 것의 정치화는 서로 연결되어 상승 되먹임 구조를 정착시킨다.

대형화와 소비자 (유사)민주주의를 결합한 유형에 해당하는 '유튜브 저널리즘'의 확산과 폐해는 미디어(산업)의 상업적 정치화 또는 정치적 상업화에 관한 가장 최신의 생생한 예다. 코로나19에 걸려 병원에 입원한 극우 유튜버들이 병원 침상에서 내보낸 어이없는 유튜브 방송은 많은 이들의 공분을 샀다. 그 와중에 어느 유튜버는 광고를 의식해 '먹방'까지 진행했다.

언론의 공공성이 급격하게 상업성으로 대체되는 현상은 세계 전역에서 나타난다. 언론의 상업화는 당연히 언론산업 자체만의 문제일 수가 없다. 이에 따른 민주주의의 상업화는 사회 저변을 흔들어놓는 심대한 영향을 산출했다. 시민은 상업화한 언론을 통해 민주주의를 수동적으로 소비한다. 무력하게 파편화한 개인들이 향유하는 이 한심한 민주주의는 시장사회의 특색이다. 이제 언론은 선동적인 정보(섹스, 스캔들, 폭력)와 여타의 판촉 정보를 교묘하고 자연스럽게 뒤섞는다. 정보와 의견, 선동과 마케팅이 혼합된 칵테일 주스의 최종 목표는 대중 설득이 아니라 조작이다. 결국 올바른 정치의 장이어야 했던 언론은 상업적 정치화라는 기이하고 불쾌한 변이를 거쳐, 현대사회에서 인포데믹의 한 축을 담당하게 된다.

미디어 환경의 변화가 언론시장 독과점의 틀 자체를 흔들진 못했지만, 정보전달체계의 다양화·복잡화를 초래한 것은 사실이다. 그러나 현대의 ICT기술에 기반한, 거대 언론기관을 우회한 '직접언론'은 '직접민주주의'의 희망과 기대를 높이기보다 대체로 또 다른 혼란을 일으키고 있는 듯하다. 특히 팬데믹 같은 위기 국면에서 '직접언론'을 통한 가짜 정보, 진영논리와 확증편향에 근거한 가짜 뉴스의 일상적인 증폭과 대규모 확산은 심각한 사회문제로 대두되었다. 여기에 상업화의 세례를 받은 마케팅 정보까지 넘쳐나, 이 영역에서 믿을 만한 정보를 골라내는 일은 점점 더 지난한 일이 되었다. 제도권의 독과점 언론을 우회한 '직접언론'의 위상이 강해지면서 정보 수용자는 진퇴양난에 이른다. 위축되고는 있지만 여전히 독성을 내뿜는 기존 제도권 언론과, 쓰레기 정보가 넘쳐나는 SNS 등 '직접언론' 사이에서 이중고를 겪는다. 그 어느 쪽에서도 기능에 상응하는 공공성이나 책임 의식을 찾아볼 수 없다.

"아니면 말고" 하는 '직접언론'의 폐해는 셀 수 없이 많다. 예컨대 2020년 8월 10일 미국 시카고에서 일어난 폭동은 SNS를 통한 미확인 정보의 유통이 어떤 재앙을 불러올 수 있는지 보여준다. 이날 언론은 미국 3대 도시로 꼽히는 시카고의 도심

한복판에서 10일 새벽 폭동과 약탈이 일어나 도시가 일시 마비됐다고 일제히 보도했다. 동시에 '경찰이 총을 쏴 열다섯 살 소년이 숨졌다'는 잘못된 정보가 소셜미디어를 통해 확산했고, 잘못된 정보는 폭동을 촉발했다. '직접언론'이 사건을 만들었고 제도권 언론은 사건을 보도했다. '직접언론'의 '보도' 이후, 열다섯 살 소년이 총격으로 숨지지는 않았지만 최소한 '보도'대로 실제 총격전이 벌어지긴 했다. 사건에 보도가 선행한 셈이다.

처음 잘못된 정보를 트위터 등에 올린 사람이 악의에서 그랬는지 아닌지는 알 수 없지만, 이언 매큐언Ian McEwan의 소설 《속죄Atonement》의 거짓말이나 "늑대가 나타났다"라고 한 양치기 소년의 거짓말과는 비교가 안 될 정도의 충격을 만들어냈다. 사적 영역에서 방대한 양의 정보가 빛의 속도로 유통되어, 시카고 폭동에서 보듯 정보의 진위 판단 이전에 돌이킬 수 없는 결과가 빚어질 수 있다는 것이 문제다. 또 다른 문제로는, 이미 살펴본 대로 기성 제도권 언론기관이 신뢰를 잃으면서 공신력 있는 정보 확인자의 자리가 공백이 됐다는 점을 들 수 있다. 물론 어떤 식으로든 가짜 정보와 가짜 뉴스가 사후적으로 가짜 판명을 받게 되겠지만, 현대의 엄청난 정보처리 능력이 그사이에 세계에다 불가역적 위해를 가할 수 있다는 우려는 절대로 불식되지 않는다. 팬데믹이 새삼 상기시켜준 인포데믹은 중세의 흑사병처럼 상존하는 현대의 위협 요소였던 셈이다. 다만 우리가 잊고 살 뿐이었다.

혐오와 무지를 먹고 자라는 인포데믹

공적 정보의 무력화와 사적 정보의 개별적 활용은, 국가나 사회 등 공동체가 위기에 대처하면서 신뢰할 만한 정보를 적기에 구성원 다수에게 제공하는 데 실패할 때도 나타난다. 예컨대 2020년 코로나19를 예방하겠다며 이란에서만 5,000여 명이 소독용 알코올을 희석해 마셔 이 중 500여 명이 사망했다. 100명 가까이 실명했고 치료를 받은 사람이 꽤 많아 최종적으로 몇 명이 숨졌는지는 확인되지 않는다. 이른바 인포데믹에 의한 이런 참극이 꼭 이란에서만 일어나지는 않았을 것이고, 꼭 소독용 알코올에만 국한되지도 않았을 것이다.

중세 유럽에서 흑사병이 돌았을 때도 인포데믹에 편승한 황당한 치료법이 유행했다. 잘못된 정보가 미디어·인터넷 등을 통해 전염병처럼 급속하게 퍼져나가는 현상을 지칭하는 말이 인포데믹이고 이는 현대의 사회상을 반영한 용어인 만큼, 중세에는 엄밀한 의미의 인포데믹이 없었다 해도 틀린 말은 아니다. 그러나 인터넷이 없었을 뿐 중세를 포함한 인류 문명의 모든 시기에 어떤 형태로든 미디어가 존재했다고 할 때, 중세엔 중세형 인포데믹이 있었을 것이라 주장해도 역시 틀린 말은 아니다. 미디어 없는 인류 문명은 없다. 미디어의 형태, 정보의 유통 속도, 유통량 등 미디어의 형식과 효율의 차이가 있을 뿐이다.

흑사병이 만연한 중세 유럽에도 현대 이란에서 소독용 알코올을 마신 것과 흡사하게 '독약 성분인 비소를 먹는다' '비둘기나 강아지의 피를 이마에 바른다' '두꺼비와 도마뱀을 말려서 붙인다' '인간의 소변으로 목욕한다' 등 가짜 정보가 횡행했다. 코로나19 시기와 비교하여 결정적인 차이는 흑사병 창궐 시기의 유럽에서는 누구도 올바른 정보를 제공할 수 없었다는 데 있다. 어차피 제대로 된 정보를 입수할 수 없다면 그냥 죽어가는 것보다 그나마 이런 황당한 치료법이라도 시도해보는 게 죽어간 이나 살아남은 이 모두에게 유익하다고 생각하지 않았을까.

인포데믹은 무지 및 편견과 결합하는데, 이것이 자신을 향할 때는 그나마 폐해가 덜한 편이다. 인포데믹이 외부로 향하면 때로 끔찍한 일이 일어난다. 흑사병이 엄습한 중세 유럽에서 유대인을 대상으로 실제로 이런 사건이 벌어졌다. 사단은 흑사병의 창궐 속에서 유독 유대인만 피해가 적은 데서 일어났다. 중세의 인지 수준으로는 도무지 객관적으로 해명되지 않는 현상이었고, 결국 유대인이 병을 퍼뜨렸다느니 우물과 샘에 독을 풀었다느니 사탄과 연결되었다느니 하는 악의적인 유언비어가 등장했으며, 전염병이 퍼지듯 유언비어는 인포데믹으로 퍼졌다. 피해자가 아니라면 가해자의 일원이거나 가해자 진영에 속한 것 아니냐는 흑백논리였다. 결국 흑사병에서 어렵사리 살아남은 유대인들이 다른 인간에게 학살당하는 아이러니가 역사에서 목격됐다.

유대인의 낮은 감염률과 낮은 치명률의 이유는 간단했다.

유대인의 높은 위생 관념이 질병을 막아주었던 것이다. 예컨대 유대인이 사는 게토의 인구밀도는 게토가 아닌 곳보다 높았지만 아동 사망률은 현저히 낮게 나타나는 등 많은 사례와 통계를 통해서 유대인의 높은 위생 관념이 실증되었다. 유대인은 안식일을 앞둔 매주 금요일에 목욕을 하고 손톱을 깎는 유대교 정결의식을 지켰고 예배와 식사 전에는 손을 씻었다. 코로나19 팬데믹에서 확인되었듯 손만 잘 씻어도 감염이나 기본적인 질병을 예방할 수 있다. 손 씻기는 지금까지 이어지는 유대인 위생의 기본 지침이다. 이들은 율법에 따라 하루에 아홉 번 이상 손을 씻으며, 손을 씻는 방법도 엄격하게 규정되어 있다. 《신약성서》를 보면 예수와 바리새인들이 예수의 제자들이 손을 안 씻고 음식을 먹은 것을 두고 논쟁하는 장면이 나온다. 유대인의 집 안 청결 관리 또한 유명하다. 유대인은 가정이 곧 예배의 성소聖所이기 때문에 안식일을 쇠기 위해 매주 정성 들여 청소한다. 유월절이나 무교절 같은 유대인의 주요 절기에는 더욱 세심하게 쓸고 닦고 씻는다. 또 주기적으로 식기와 생활용품을 몇 주에 걸쳐 끓는 물에 삶아 소독한다. '피를 먹지 말라' 등 히브리 성서를 통해 전해진 식재료에 관한 까다로운 규정 또한 유대인의 건강과 안전 증진에 간접적으로 공헌했을 것이다.

중세 유럽의 전반적 위생 수준은 위생이란 단어조차 쓰기 어려울 정도로 열악했다. 가축우리를 방불케 하는 일상의 불결함이 중세에 흑사병을 더 빨리 확산시켰다는 사실을 21세기 대부분의 사람은 안다. 중세에 상대적으로 강한 위생 관념을 가진 유대인의 흑사병 치명률이 낮은 것은 당연했다. 그러나 '자연에서' 유대인의 낮은 치명률이 종국에는 '인간에 의한' 높은 사망률로 이어졌다. 이 같은 형태의 비극적 사태는 안타깝게도 역사에서 드물지 않게 목격된다. 인류 문명에 가해지는 위해의 주체는 문명이 발전할수록 자연보다 인간일 때가 더 많아진다.

그렇다고 해서 중세 유럽의 흑사병 유행 시기에 유대인에게 닥친 비극이 '가짜 뉴스'만으로 일어났다고 판단하기엔 무리가 있다. 문학평론가 르네 지라르René Girard는 희생양 이론을 통해, 곤경에 놓인 당시 사회의 분노 배출구가 유대인 학살이었음을 분석한 바 있다. 유대인이 그 시기의 희생양이 된 것은 우연이 아니었다. 평소 혐오의 에너지가 축적되다가 비정상적이고 비이성적인 시기가 도래하며 시대의 균열이 출현하자 그 틈으로 혐오의 에너지가 폭발적으로 터져 나왔다고 봐야 한다.

혐오는 무지와 편견의 토양에서 성장한다. 코로나19 사태 와중에 우리는 세계 전역에서 분출하는 다양한 혐오를 목도했다. 코로나바이러스가 유행하자 유럽과 미국 등지에서는 공공연하게 '중국인 혐오'가 일어났고, 중국인을 대상으로 이유 없는 욕설이나 구타가 빈번하게 발생했다. 심지어 중국과는 무관한 현지 거주 아시아인 학생에게 등교를 금지시키거나 강제로 전학 조치를 취한 사례까지 전해졌다. 서구인이 보기에 구별이 쉽지 않은 한국인 또한 중국인으로 오인되어서, 혹은 중국인이건 한국인이건 그저 동양인이란 이유로 인종차별에 시달렸다. 만약 지금이 21세기가 아닌 중세였다면 많은 중국인, 그리고 다른 인종이 보기에 중국인과 외양이 비슷한 한국인이, 학살까지는 아니어도 수난을 당했을 가능성을 배제하지 못한다.

서구인에게 잠재된 인종차별은 코로나19 국면에서 동양인을 바이러스로 낙인찍으면서 표면화했다. 도널드 트럼프 미국 대통령은 서구 정치 지도자 가운데 가장 공공연하고 적극적으로 인종혐오를 조장한 인물이다. 그의 반反중국 성향은 코로나19를 계기로 더욱 노골적인 중국 혐오로 표출되었음이 주지의 사실이다. 트럼프 대통령은 코로나19 확산의 책임을 중국으로 돌리려는 의도에서 끊임없이 코로나바이러스를 '중국 바이러스' 혹은 '우한 바이러스'라고 불렀고, 마침내 낸시 펠로시Nancy Pelosi 미국 하원의장으로부터 '중국 바이러스'가 아니라 '트럼프 바이러스'라는 일격을 당하기도 했다.

무분별한 낙인찍기에는 제도권 언론 또한 가세했다. 예를 들어 독일 시사주간지 〈슈피겔Der Spiegel〉은 '코로나바이러스 — 메이드 인 차이나'라는 제목의 표지를 내보내 인종차별을 조장했다는 비난을 받았다. 서구에서 중국인과 같은 동양인으로 묶이는 한국인 내부에도 낙인찍기는 존재한다. 양상은 강도의 차이만 있을 뿐 서구와 동일했다. 어느 국내 유력 일간지는 한동안 '코로나바이러스'라는 공식 명칭 대신 '우한 바이러스'라는 용어를 고집해 논란이 되었다. 극우 성향의 전광훈 씨가 2020년 8월 15일 서울 종로구 동화면세점 앞에서 열린 보수단체 일파만파 주최 '정부와 여당 비판 집회'에 참석해 "저를 이 자리에 못 나오게 하려고 (사랑제일교회에) 중국 우한 바이러스 테러를 한 것"이라며 정부에 의한 바이러스 테러를 주장할 때 '우한 바이러스'라는 명칭을 사용한 것은 '테러'와 정말 절묘한 호응을 이뤘다. 그가 의도적으로 그 용어를 사용했건, 아니면 그의 마음에 그렇게 각인되었던 것이건 간에 그의 인식의 단면을 분명히 드러내준 발언이라 할 수 있다.

인포데믹과 결합한 지역사회의 낙인찍기와 차별은 중국과 왕래가 없는 국내 거주 조선족을 대상으로 한 혐오 행태로 표출되어 공분을 샀다. '동양인=바이러스'와 '조선족=바이러스'는 정확하게 닮은꼴 인식이란 사실이 부인될 수 없다고 할 때 우리 안의 야만을 재삼 자각하게 된다. 같은 인간임에도 어떤 무리의 인간이 특정 편견에 기반한 분류법에 따라 다른 특정 무리의 인간을 혐오하는 것은, 인간 몸에 전염병의 흔적이 남아 있듯 대다수 인간의 본성에 아직 살아남아 있다.

팬데믹 극복만큼이나 시급한 기후 위기 대응

코로나19 재확산의 기폭제가 된 2020년 8·15 광화문 집회가 언론의 헤드라인을 장식하고 있을 무렵, 김종인金鍾仁 미래통합당 비상대책위원장이 8월 21일 충북 청주시 질병관리본부를 방문해 정은경 본부장을 만났다. 이 만남이 적절한 것이었느냐를 두고 설왕설래가 이어졌는데, 정작 본격 뒷이야기는 김 위원장을 수행한 김미애金美愛 미래통합당 의원의 '망사마스크'를 두고 뒤늦게 터져 나왔다.

25일 공개된 면담 사진을 보면 정 본부장 맞은편 김 위원장 옆에 앉은 김 의원은 속이 비치는 망사마스크를 쓰고 있었다. 이 사진을 본 누리꾼들은 '비말(침방울) 차단 성능이 거의 없는 망사마스크를 착용하고 정 본부장을 만났다가 정 본부장에게 해를 끼치면 책임질 것인가'라는 비판을 쏟아냈다. 날씨가 더워지면서 망사마스크를 찾는 사람이 늘었지만 망사마스크에는 비말 차단 효과가 없다는 것이 전문가들의 의견이다. 정치적 이벤트를 위한 자리라는 비판에 더하여 한국 방역 책임자에게 어쨌든 100퍼센트 안전하다고 할 수 없는 침방울을 날린 것은 부주의, 나아가 몰지각이라는 공격이었다.

위생 필수품이 되어버린 일회용품

'비말 마스크' 공방을 지켜보며 내 생각은 다른 곳으로 흘러갔다. 침을 다 막아내든 일부만 막아내든 마스크는 모든 사람이 코로나바이러스를 막는 데 요긴하게 쓸 물건이다. 하지만 마스크는 사실상 일회용품이어서 매일 쓰레기로 버려지고, 나아가 전국의 모든 가정에서 쏟아져 나올 것이다. 그런 생각을 하니 버려지는 마스크 쓰레기의 양이 엄청나겠다 싶었다. 길을 걷다가 거리에 나뒹구는 마스크 쓰레기를 드물지 않게 보게 되는 것이 코로나 시대의 한 풍경이다.

그런데 쓰레기장이나 쓰레기 처리 과정에서 마스크보다도 더 많이 눈에 띈 건 플라스틱 컵 같은 다른 일회용품이었다. 한때 빠르게 사라지던 식음료 매장의 일회용 컵이 복귀하기까지는 그리 오래 걸리지 않았다. 2020년 2월 코로나19 위기경보가 '심각' 단계로 격상하면서, 2018년 8월부터 카페 내 일회용 플라스틱·종이 컵 사용을 규제한 환경부의 지침이 기한 없이 정지된 탓이다. 판매자나 이용자 모두 그 지침에 익숙해지려는 참이었으나 무위로 돌아가고 말았다. 사실 일회용품 사용은 환경부하環境負荷가 늘어나서 그렇지 직원이나 이용자에겐 모두 편리하다. 과거로 돌아가는 일이 쉽고 빨랐던 것도 그 때문이다. 일회용품과 관련한 가장 극적인 장면은 4·15 총선을 치르며 투표소 내에서 일회용 비닐장갑이 사용된 것을 꼽을 수 있겠다. 총량이 그리 많진 않겠지만 단 하루에 상상할 수 없이 많은 일회용 비닐장갑이 쓰레기로 버려진 날이었다.

코로나19가 종식되기까지 적잖은 시간이 소요될 테고, 코로나바이러스만큼 위협적이지는 않아도 이후 유행할 크고 작은 감염병과, 무엇보다 코로나19를 계기로 높아진 위생 관념을 생각할 때 일회용품의 복귀를 일회적 사태로 안이하게 판단해선 안 된다. 지구보다 개인을 살리는 것이 확연하게 시급하고 중요한 삶의 의제가 된 상황에서, 종전처럼 환경적 가치를 앞세우며 일회용품 사용 자제를 권유하는 방식은 포스트 코로나 시대에 유효하지 않다.

우선은 재활용률을 높이거나 분해가 잘되는 재료로 식음료 용기를 공급하는 것이 생각할 수 있는 근본적인 처방의 하나다. 스카치위스키 브랜드 조니워커Johnnie Walker가 이르면 2021년 초에 종이 병에 담긴 위스키 상품을 출시하기로 한 것이 그 예다. 사람들이 마시고 버린 자사의 플라스틱 병이 전 세계를 뒤덮는 바람에 가장 눈에 잘 띄는 세계 환경오염 기업이 된 코카콜라Coca-Cola 또한 종이 병을 개발하려 노력하고 있다.

문제는 이런 '근본적인' 처방이 근본적이지 않을 수 있다는 데 있다. 폐기 과정의 환경부하를 줄임으로써 친환경으로 평가받는 제품이, 생산과정에서 기존 환경침해 제품보다 더 많은 환경부하를 발생시켜 결과적으로 더 큰 환경오염을 초래하는 사태가 빚어질 수 있다. 전기차엔 분명 친환경적인 요소가 많지만, 전기차를 움직이는 데 필요한 전기가 환경침해

방식으로 생산된다면 전기차의 친환경 요소를 무의미하게 만들 수 있는 것과 마찬가지다. 물론 단기적인 '환경 수지'의 적자에도 불구하고 전기차는 우리가 나아가야 할 방향이며, 단기 적자를 이유로 종전의 화석연료차를 고집한다면 지구를 살릴 기회는 영영 사라지게 된다. 요는 올바른 가치를 세우면서 중장기적인 환경 수지를 흑자로 만들고 흑자 폭을 늘려나가야 한다는 것이다. 종이 병이나 전기차를 포기할 수 없는 이유가 여기 있다. 종이 병 생산, 전기차 운용 등과 같은 예를 더 확대하고, 사회와 경제 시스템을 더 친환경적으로 변경해야 한다는 데 이견이 있을 리 없다. 또한 그것이 포스트 코로나 패러다임을 구성하리라는 데에도 이견이 없을 것이다.

카페 등 식음료 매장 사례에서 좀 더 논의를 이어가 보자. 고객의 보건과 안전 욕구에 조응하여 '좋은' 재료로 된 일회용 컵을 제공하는 방법과 함께, 머그잔 등 다회용 용기를 사용하면서 더 위생적인 세척이 가능한 방향으로 관행을 바꿔 보건과 환경 가치를 동시에 잡는 다른 방안도 충분히 검토할 만하다. 다만 불가피하게 발생할 비용을 기업이나 이용자 가운데 누가 감당할 것인지, 또는 정부가 부담할 것인지, 아니면 기업·이용자·정부 가운데 2~3자가 공동 부담하면서 부담 비율을 합리적으로 조정할 것인지를 결정해야 한다. 굳이 따지면 난제는 아니다.

이용자가 부담하는 방식은, 매장의 관행 변경에 따라 오른 상품 가격을 감수하는 것과 소비 관행을 바꿔 텀블러 등을 적극 사용하는 것으로 나눠볼 수 있다. 개인적인 경험을 전하자면 내가 관련 주제로 강연이나 강의를 할 때 끄트머리에서 '반드시' 보게 되는 장면이 있으니, 환경부하를 줄임으로써 지구를 구하기 위해 "작은 일부터 실천하자"며 청중이 텀블러 사용을 다짐하는, 세계시민으로서 각성하는 장면이다.

나는 청중의 예상과 다르게 대꾸한다. 그러지 마시라고, "텀블러로는 세계를 구하지 못합니다. 차라리 '나 하나쯤이야'라고 생각하는 게 낫습니다"라고 말한다. 이렇게 말하고 강연을 끝낸다면 나는 최악의 강연자일 테고 앞으로 그런 강연을 하지 말아야 한다. 그럼에도 착하게 살겠다는 사람에게 나쁘게 살라고 이르면서 일종의 충격요법을 사용한 취지는, 텀블러 하나를 쓰는 것보다 기업과 정부가 바뀌도록 요청하는 voice 일이 더 중요하며, 텀블러만 쓰고 요청하지 않는다면 지구의 위기를 해소하는 데 전혀 도움을 주지 못한 채 가식적인 위로만 챙겨 갈 뿐임을 알리려는 것이었다.

실제로 시장과 공공부문의 변화 없이 시민사회의 의식 개선만으론 임박한 지구의 위기를 타개할 수 없다. 시민사회의 역할은 텀블러 사용보다 시장과 공공부문에 변화를 요구하고 받아들이도록 힘을 행사하는 것이 되어야 하며, 텀블러 사용은 그런 역할과 병행할 때만 의의가 있다. 텀블러가 환경보호의 상징처럼 되면서 너무 많은 텀블러가 만들어져 제대로 사용되지 않고 사장되는 것 또한 문제다. 마찬가지로 에코백이 텀블러와 비슷한 문제를 일으킬 수 있다. 양심의 가책을 덜어

주는 에코백과 텀블러는 다른 중요한 행동과 결부되지 않을 때 본래 의도와 달리 또 다른 환경 훼손과 사소한 가식으로 귀결하고 만다.

코로나 위기와 기후 위기가 중첩된 상황에서 상대적으로 기후 위기의 심각성이 잊힌 상황은 우려스럽다. 그렇다고 눈앞의 코로나 위기를 나 몰라라 하며 기후 재앙과 인류 공동의 위기를 강조하는 태도 또한 허황하다. 코로나 시대를 겪으면서 기후 위기와 환경문제에 대처하는 큰 그림은 '코로나 관행'을 이해하고 받아들일 것은 받아들이면서 새로운 로드맵을 모색하는 것이 아닐까.

2007년 서브프라임 모기지 사태가 터졌을 때를 돌이켜봐도, 당시 '기업의 사회적 책임CSR'을 주축으로 지속가능사회 의제를 발굴하고 시장에 압박을 가하던 나를 포함한 '책임과 지속가능성' 분야의 많은 사람이 분위기의 급변을 체험했다. 서브프라임 모기지 사태 전까지 그런 방향으로 어렵사리 변화가 시작되고 긍정적인 신호가 늘어났지만, 사태가 발발하며 경제가 나빠지자 모든 변화가 중단되고 과거로 회귀했다. 곧 종적을 감출 듯하던 일회용품이 코로나19와 함께 당당히 복귀한 것처럼 말이다. 지속가능성sustainability은 생존가능성survivality으로 단박에 대체되고 말았다.

지구 범위에 펼쳐진 코로나19 사태는 인류 전체에게 생존가능성의 문제다. 서브프라임 모기지 사태보다 더 심각한 위기이고 후유증과 부정적 영향 또한 더 강력할 것이므로, 또다시 지속가능성은 잊힐 위기에 놓인다. 지속가능성의 위기는 지구의 위기이자 인류의 위기다. 지속가능성의 위기를 넘어서지 못한다면 인류의 장래는 매우 암담하다. 지속가능성을 도외시한 생존가능성은 형용모순이며 지금의 생존을 배제한 지속가능성 또한 성립하지 않는다. 코로나19 사태를 거치며 전보다 더 나빠진 여건 속에서 우리가 새롭게 지속가능성을 설계해야 한다는 사실을 냉철하게 인식할 시점이다.

'지평의 비극'을 부술 수 있을까

지속가능성과 생존가능성이 별개가 아니라는 지적이 있다. 코로나19가 실체적 위협으로 전 세계에 그림자를 드리운 2020년 4월 국내에 번역·소개된 《2050 거주불능 지구The Uninhabitable Earth》의 관점이 그렇다. 저자 데이비드 월러스 웰즈David Wallace-Wells는 기후변화 속도가 걷잡을 수 없이 빨라지고 있어 "30년 뒤인 2050년에는 전 세계 주요 도시의 대부분이 생존 불가능한 환경으로 변할 수 있다"고 경고했다. 이책 내용이 기후 위기를 경고하는 진영에선 이미 상식이며, 나로서는 가정에 근거해 극단적인 결론을 제시하는 상업주의 서술을 선호하지 않는 데다 2050년이라는 특정 시기를 '아니면 말고' 식으로 못 박아 시선을 끄는 선정주의를 싫어하지만, 기

후 위기의 엄중함에 비추어 이런 식으로 질러대는 누군가가
필요하긴 하다.

기후 위기의 핵심은 지구온난화이고, 위기는 지구 평균 지
표온도 상승 폭에 따라 달라진다. 《2050 거주불능 지구》는 평
균 지표온도가 앞으로 섭씨 2도 상승하면 빙상이 붕괴하기 시
작해 4억 명 이상이 물 부족을 겪게 되며, 적도의 주요 도시가
사람이 살기 힘든 곳으로 변할 것이라고 전망한다. 섭씨 3도
상승하면 남부 유럽이 영구적인 가뭄에 시달리고, 섭씨 4도
오르면 라틴아메리카에서만 뎅기열 발발 사례가 800만 건 이
상 증가하며, 식량 위기는 거의 매년 전 세계에 닥친다. 폭염
관련 질병에서 비롯한 사망자는 9퍼센트 늘어난다.

1880년부터 2012년까지 132년간 지구 평균 지표온도는
섭씨 0.85도 상승했다. 파리기후협약에서 정한 21세기 인류
공동의 지구 평균기온 상승 폭 저지 목표는 섭씨 2도였는데,
지구 평균기온 상승을 산업화 이전 대비 "섭씨 2도보다 상당
히 낮은well below two degree"수준으로 유지한다는 요망 사항
을 붙였다. 세계 환경운동 그룹에서는 목표를 섭씨 1.5도 이
하로 낮춰야 한다고 주장한다. 환경부와 기상청이 발표한 〈한
국 기후변화 평가보고서 2020〉에 따르면 한국은 1912년부터
2017년까지 105년간 지표온도가 섭씨 1.8도가량 올랐다. 한
국은 지구 평균치보다 지표온도가 훨씬 많이 상승한 나라에
속한다.

전염병의 일상화는 코로나 시대를 지나는 우리에게 가장

섬뜩한 시나리오다. 빙하가 녹으면 그 속에 동결 상태로 있던 미지의 박테리아들이 얼음 밖으로 나와 인류에게 전파된다. 아예 존재 자체를 몰라 대비하지 않았던, 또 대비할 수 없었던 새로운 질병이 생기는 셈이다. 화성이나 다른 행성에서 미생물이 옮아온 것이나 마찬가지라고 생각하면 된다. 온도가 상승하면 동물 매개 감염병이나 식품 매개 감염병 또한 증가한다. 지구가 뜨거워짐에 따라 점점 더 멀리 이동하는 모기가 퍼뜨릴 질병이 황열병 말고도 많은 것은 상식이다.

이 재앙의 시나리오는 예측과 가정에 근거한 것이기에, 반대로 얼마든지 낙관적 전망이 가능하다. 그러나 현재 지구의 상황과 거버넌스를 볼 때 데이비드 월러스 웰즈의 전망대로 부정적인 시나리오가 현실화할 가능성이 훨씬 더 커 보인다. 4차 산업혁명을 거치며 진화의 최종 단계에 접어든 인류가 다음 단계로 나아가지 못하고 멸종하는, 진화의 최종 단계가 인류의 최후 단계가 되는 궁극의 비극이 현실화하지 않기를 바라지만….

왜 비관적 전망이 우세할까. 근대 이래 인류는, 인간이 자연에 맞서 싸워 최종적으로 승리할 것이며 인간이 세계를 통제할 수 있다는 믿음을 품었고, 그 믿음을 발전시켰으며, 그 믿음의 발전 도상에서 자본주의를 탄생시켰다. 근대의 믿음이 더는 유효하지 않은 시대가 열린 지는 오래되었지만 근대의 체제와 거버넌스는 그대로였다. 그렇다면 지난 반세기에 가까운 기간에 전 세계적으로 확대된 자본주의와 자유민주주의의 연장선

위엔 《2050 거주불능 지구》가 제시한 비관적 결과 외에 다른 해결책이 안 보인다고 할 때, 비로소 인류는 혼수상태에서 깨어나 다른 트랙을 찾아내어 비관적 전망을 극복할 수 있지 않을까.

하지만 다시 말하거니와, 전혀 쉽지 않다. 경로를 바꿀 힘이 있는 사람은 대개 기존 트랙에서 내리기를 싫어하고, 설령 내리고 싶은 마음이 있다 해도 지금 당장은 옮아갈 새로운 트랙의 형태가 모호하다. 현재로서 경로를 바꿀 힘이 없는 것으로 간주된 대다수 사람은 이도 저도 아닌 채로 변화의 에너지가 축적되기를 기다리고 있는 형국이다.

탈원자력·탈석탄과 연결된 신재생에너지 체제를 근간으로 '그린뉴딜Green New Deal'을 통해, 파괴적이고 약탈적인 경제체제를 보전과 상생의 새로운 사회체제로 이행해야 한다는 원칙은 말하자면 절대적 지지를 받고 있지만 새로운 체제로 이행하는 데 필요한 각론은 미비한 상태다. 자본주의를 인간답게 개혁하려는 이러한 노선을, 사회의 기득권은 자본주의를 통째로 갈아엎으려는 불순한 시도로 이해한다. 새 힘은 미약하고 옛 힘은 여전히 강성한데, 주어진 시간은 짧다. 새로운 원칙과 이상을 실현할 확고한 기술적·정치적 인프라가 아직은 없다. 따라서 낙관론은 현 시스템이 가진 저항력을 과소평가하고 세상을 바꿀 힘을 과대평가함으로써 가능하다.

낙관론은 얼핏 대항논리로 보이는 근대주의를 연장하는 방법론에서도 모색될 수 있다. '포스트 이데올로기'로도 불리는 솔루셔니즘은 기술이 모든 사회문제를 해결할 수 있다는 (비교적) 확고한 믿음에 근거한다. 근대주의의 최신판인 셈이다. 솔루셔니즘은 자본주의가 야기한 많은 문제를 해결하는 동시에 세계화한 자본주의를 계속 작동하기 위해 '실용적'이라 여겨질 합당한 해법을 제시하고 실행을 권유한다.

영국 정부에서 선호한 '넛지 nudge' 같은 것이 솔루셔니즘의 비근한 예다. '넛지' 기술은 해법에 집중하다 보니 문제의 원인을 방치하게 되고, 그리하여 변화의 가능성을 결과적으로 차단한다. 결과론으로서 그 해법은 고통의 원인을 원천 제거하는 대신 진통제를 투여하거나 다른 데로 신경을 돌려 고통을 잠시 잊게 만드는 방식이다. 현실을 상수, 개인을 변수로 설정하고 '민주주의' 아래 개인이 현실에다 자신의 행동을 맞추도록, 단순한 과업에 집중하도록 유도한다. 9·11 테러가 미국을 감시국가로 재탄생시킨 것 또한 솔루셔니즘 사례에 해당한다. 그런데 이런 솔루셔니즘은 공항 화장실 내 남자 소변기에 파리를 새겨 넣어 화장실 바닥에 튀는 오줌을 줄이는 데는 확실히 효과적으로 작동하지만, 지표온도 상승 폭을 떨어뜨리는 데는 별다른 역할을 하지 못한다. 튀는 오줌이 문제라면 파리를 그려 넣어 개인에게 과녁을 맞히도록 하기보다는 소변기 자체를 바꿔야 한다.

솔루셔니즘이 기후 위기의 해법이 되지 못하는 근본적 이유는 주체에서 찾아진다. 기후 위기의 당사자이자 기후 위기 극복의 주체는 각성한 세계시민인데, 세계시민에겐 솔루셔니즘의 기술 해법이 주어지지 않는다. 즉 세계시민은 솔루셔니즘의 주체가 아니다. 현실적으로 솔루셔니즘의 주체는 방대한 지식과 활용 네트워크, 인적·물적 자원을 용이하게 동원하고 효율적으로 운영하며 결과까지 통제할 수 있는 국가와 자본이 될 수밖에 없다. 기술 해법을 장악한 국가와 자본은 동일한 이해를 갖는다. 그것이 각성한 세계시민의 이해와 배치되기에 국가와 자본이 솔루셔니즘을 기후 위기 극복을 위한 실질적 수단으로 사용할 가능성은 희박해진다.

솔루셔니즘은 마거릿 대처Margaret Thatcher 전 영국 총리의 유명한 슬로건 "대안은 없다There is no alternative"를 통해 이미 수십 년 전 그 결론이 내려져 있었지만, 진보주의자들은 대처의 슬로건에만 예민하게 반응했을 뿐 솔루셔니즘에는 미련을 버리지 못한 듯하다. 진보주의자들이 그렇게 미온적으로 대응하고 미적거리는 가운데, 시장주의자들은 단호하게 "대안은 없다"고 주장하며 정치권력을 획득하고 시장을 지배하면서 사회를 시장화하는 전횡을 일삼았다. 기후 위기는 독립된 현상이 아니라 언제나 현재진행형 과정임을 잊지 말아야 한다.

솔루셔니즘을 비롯해 현 체제가 기후 위기를 극복할 적합한 당사자가 아님은 '지평horizon' 문제에서도 포착된다. '지평의 비극'은 2015년 9월 당시 잉글랜드은행 총재였던 캐나다 출신 경제학자 마크 카니Mark Carney가 제안한 용어다. 카니는 "환경경제학에서 대표적인 문제가 '공유지의 비극the tragedy of the commons'이었다면 기후변화에서는 '지평의 비극the tragedy of the horizon'이 문제가 된다"고 말했다.

'지평의 비극'을 이해하기 위해서는 주기cycle와 지평(혹은 시야)을 먼저 파악해야 한다. 비즈니스와 정치가 내다보는 의사결정의 주기는 2~3년에 불과하고, 재정 안정과 관련해 보더라도 이보다 조금 더 긴 정도다. 테크노크라트(기술관료)의 통제를 받는 각국 중앙은행 등 정부 당국 또한 각종 규정에 속박돼 있어 (금융)정책 등을 펼치는 지평이 좁다. 기후변화, 혹은 기후 위기는 이 지평 너머에 위치하기 때문에 각국과 세계가 효과적으로 대처할 수 없다. 만일 기후변화가 당국에 의해 재정 및 금융 안정의 요소로 파악되기 시작했다면 그때는 이미 너무 늦어버린 때가 된다는 게 카니의 설명이다.

카니의 지적대로 기후변화와 기후 위기의 지평은 수백 년에 걸쳐 있지만, 자본주의와 민주주의를 근간으로 한 한국 등 근대국가의 정책은 불과 몇 년을 내다본다. 정책 일관성을 담보할 가장 강력한 안전장치라고 할 대통령의 임기는 기껏 5년이다. 탈석탄이나 탈원전 같은 국가적 이슈의 판도가 선거에서 어느 쪽이 승리하느냐에 따라 바뀌고, 공약한 사항도 다가올 선거를 의식해 종종 변경되는 정치체제에서, 정부와 관료 집단이 기후 위기에 제대로 대응하리라고 기대하는 것이 과연 가능할까.

Z세대는 세계시민으로 각성할 수 있을까

어느 일간지에서 코로나19에 Z세대가 목소리를 낸다는 내용의 기사°를 읽었다. 코로나19로 수많은 사람이 고통받고 있지만 다른 세대보다 Z세대가 가장 큰 영향을 받을 것이란 전망을 하면서, 이에 따라 Z세대가 강력하게 자기주장을 펼칠 것이라고 분석한 기획기사였다. 밀레니얼 세대의 동생뻘인 Z세대는 1990년대 중반에서 2000년대 초반에 걸쳐 태어난 이들로 현재 십 대, 이십 대다. 세계적으로 유명한 스웨덴의 환경운동가 그레타 툰베리 Greta Thunberg가 Z세대에 속한다.

비영리 미디어 '더 컨버세이션 The Conversation'은 "신종 코로나 사태는 Z세대에 흡사 2001년 일어난 9·11 테러와 같은 충격을 줄 수 있다"며 "이 세대가 받을 충격은 어마어마할 것"이라고 예측했다. 또한 전염병으로 드러난 세계의 불평등, 사람들의 이기심을 목격하며 Z세대가 "'세상은 공정하지 않다'라는 기존 신념을 더욱 굳힐 것"이라고 덧붙였다.

Z세대는, 2008년 세계 금융 위기 국면에서 학교를 졸업한 밀레니얼 세대와 비슷한 고통을 겪을 것으로 예상된다. 그렇게 되면 '부모보다 가난한 첫 세대'로 불린 밀레니얼 세대

° "'이들에겐 9·11 테러급 쇼크' 코로나에 Z세대 목소리 낸다", 〈중앙일보〉, 2020년 4월 10일.

에 이어 두 번째로 Z세대가 부모보다 가난한 세대가 되는 셈이다. 코로나 사태로 취업은커녕 인턴 자리를 얻는 것조차 '하늘의 별 따기'가 된 상황은 미국이나 한국이나 비슷하다. 경기 불황이 심화하며 사람들이 지출을 줄이면 자영업자들이 어려움을 겪게 돼, 연쇄적으로 아르바이트로 생계를 잇는 Z세대 젊은이들이 일자리에서 떨려날 가능성이 크다. 〈워싱턴 포스트〉는 "코로나 사태가 유발한 세계 경제 위기가 양극화를 더욱 심화할 것"이라며 "Z세대는 최악의 경제 위기 속에서 사회에 나와야 한다"고 보도했다.

Z세대가 다른 세대보다 더 심각한 곤경을 겪을지는 알 수 없지만, 사회의 문턱을 넘자마자 많은 젊은이가 시련을 겪고 좌절하는 상황은 심정적으로 안타까운 풍경이다. 이렇듯 우울한 전망이 대세인 가운데 미국 언론은 Z세대의 진보적인 성향이 더욱 공고해질 것이라고 분석했다. 〈워싱턴 포스트〉는 "코로나19 팬데믹을 겪으며 미국 사회의 불평등을 눈으로 직접 본 Z세대는, 그들의 정치적 정체성을 더욱 확고히 하고 목소리를 더 높일 것"이라 내다봤다. 이어 "이들은 이미 정치적으로 매우 진보적"이라며 "총기 난사 사건이 일어날 때마다 주도적으로 총기 규제 시위를 조직하고 환경운동에도 적극적으로 나서는 등 직접 거리로 나가 목소리를 내는 데 주저하지 않는다"고 분석했다. 미국 민주당 경선에서 물러난 버니 샌더스Bernie Sanders 상원의원의 진보적인 공약에 가장 열광한 지지층이 Z세대였다고 미국 언론은 전했다. 또한 이들이 코로나19 이

후 전면화할 양극화에 깊은 관심을 두고 '보편적 의료 혜택'과 '기본소득' 등을 요구할 가능성이 크다고 예상했다.

그런데 Z세대 진보정치의 지평이 어디에까지 걸칠 것인지, 또 한국 Z세대도 과연 강하게 목소리를 낼 것인지는 궁금한 지점이다. 이미 어느 정도 논의의 물꼬가 터진 기본소득에 대해서는, Z세대 자신의 직접적 이익과 관련되기에 적극적으로 지지 의사를 표명할 확률이 높다. 그렇다면 기후 위기를 초래한 책임은 없지만, 기후 위기를 극복할 책임을 억지로 떠맡은 Z세대가 자신의 이익을 넘어선 세계시민적 지평에도 사활적 관심을 기울일 수 있을까?

Z세대가 사회의 주축이 되어 기후 위기에 대응할 즈음엔 이미 때가 너무 늦는다는 분석이 일반적이긴 하다. 향후 10년 안에, 즉 코로나19 사태의 흔적이 완연한 시기에 기후 위기에 매우 진취적으로 대응하지 못한다면, 돌이킬 수 없는 상황에 직면하거나 인류가 감당하기 힘들 정도의 천문학적 비용을 치러야 할 것이란 전망은 대체로 맞는 얘기일 것이다.

앞서 살펴보았듯 자본과 국가가 스스로 기후 위기에 유의미한 역할을 하기는 쉽지 않아 보인다. 그렇다면 시민사회가 나서야 하는데, 자체의 기후 위기 대응 역량이 미미한 시민사회로서는 국가와 자본이 올바른 궤도에 접어들 수 있도록 아주 강하게 압박하는 일을 최우선으로 수행해야 할 것이다.

현재의 생활에 찌든 기성세대든, 사회에 나오자마자 극심한 생존 경쟁을 치르게 된 Z세대든 공동체의 일원이자 각성한 세계시민으로서 지구를 살리는 과업, 즉 궁핍한 자신들의 삶과 무관한 '거룩한' 과업에 얼마나 열성적으로 동참할 수 있을까. 기후 위기가 정치의 부재 혹은 배제에서 비롯되었다고 할 때 이는 곧 기후 위기가 역설적으로 완벽하게 정치적 사건임을 뜻한다. 이제 코로나19와 함께 도래한, 시한이 얼마 남지 않은 다급한 기후 위기 시점에 (세계)시민적 역량을 총동원해야 한다는 사실을, 이제 바야흐로 격렬한 정치투쟁이 열린다는 사실을, 또 그런 투쟁이 반드시 열려야 한다는 사실을 어떻게 설명할 수 있을까.

팬데믹 시대, 세계화는 멈출 것인가

현대는 세계화의 시대다. 과거 흑사병, 매독, 스페인 독감 등이 퍼져나간 속도에 비해 코로나19 확산 속도는 비교할 엄두조차 나지 않을 정도로 빠르다. 2019년 말에서 2020년 초엔 중국에 한정된 얘기쯤으로 거론됐지만, 2020년 상반기가 끝나기도 전에 (아주 고립된 곳이 아니라면) 사람이 있는 지구상 모든 곳에 바이러스가 진출했다. 코로나19 국면에서 주목받은 영화 〈컨테이젼Contagion〉이 보여주듯, 바이러스는 실제로 하루 만에 태평양을 뛰어넘어 다른 대륙으로 이동할 수 있다. 인간 몸을 이용해서 말이다.

자본의 세계화, 바이러스의 세계화

그동안 세계화의 가장 큰 수혜자는 자본으로 여겨졌다. 2020년을 거치면서 바이러스 또한 빼놓을 수 없는 수혜자임이 확인됐다. 흥미롭게도 코로나19 팬데믹에서 평소 세계 자본의 흐름과 유사한 양상이 목격됐다. 자본이 몰리는 곳에 바이러스가 몰렸다. 코로나19 사태 초기에 중국에서 시작하여 한국, 이탈리아·스페인·영국 등 유럽과 미국·브라질 등 아메리카 대륙의 경제 대국에 피해가 집중됐다. 인도와 러시아도 바이러스가 휩쓸었다. 코로나19로 뉴욕 길거리의 차 안에 시체가 방치되어 강대국 미국의 체면이 구겨진 2020년 상반기 즈음, 미국 전체의 누적 사망자는 10만 명에 육박했다.

신자유주의의 특징으로, 또는 신자유주의와 결부된 현상으로 종종 언급되는 현대의 세계화는 (편의상 같은 명칭을 쓰자면) 과거의 세계화에 비해 천문학적 규모로 커진 자본과 노동의 이동 규모를 자랑한다. 바로 그 세계화 때문에 현대 인류에게 훨씬 더 강력하게 전파되는 '세계화한 바이러스'의 등장은 분명 인류가 겪어보지 못한 새로운 국면이다. 인류가 문명을 일으킨 후 현대에 이르러 인간은 서로가 긴밀하게 연결된 초고도 연결사회를 탄생시켰다. 자본·물류·노동 등 인간이 구축한 세계의 연결은 인간 사이의 연결보다 더 촘촘하지만, 감염병이 PC 모니터나 휴대전화를 보며 클릭한다고 해서 전파되는 것은 아니기에 관건은 역시 인간이다.

여러 유형과 방식의 인간 간 접촉을 통해 병이 전파되는 것은 예나 지금이나 동일하다. 가령 중요한 역사적 사건인 십자군 원정은 전염병의 동서 교류에 분명 적잖게 영향을 미쳤을 것이고, 대규모 전쟁이 팬데믹에 끼친 영향 또한 100년 전 사건을 통해서 곧 확인된다. 바로 스페인 독감이다.

인플루엔자 바이러스에 의한 스페인 독감은 현대사에 기

록된 최악의 감염병이다. 1918년 초여름 프랑스 주둔 미군 부대에서 처음 환자가 발생한 것으로 알려져 있으며, 1차 세계대전 종전과 함께 미군 병사들이 본국으로 귀환하면서 미국에 크게 퍼져나갔고, 1920년 6월까지 극지방은 물론 태평양의 섬 등 전 세계로 확산해 약 2년간 창궐했다. 이 기간 스페인 독감으로 전 세계에서 약 5,000만 명이 사망했다. 1차 세계대전 전사자(900만 명)보다 훨씬 큰 숫자여서 전염병의 위험성을 보여주는 사례로 자주 인용된다. 우리나라에도 스페인 독감이 퍼져 당시 인구 1,670만 명 가운데 절반가량인 740만 명이 감염됐으며, 이 중 14만 명이 사망했다. 우리나라에 기록된 스페인 독감의 명칭은 '무오년 독감'이다.

코로나19 유행으로 일반인의 의학 상식이 높아져 이제는 스페인 독감이 스페인에서 발생한 독감이 아니라는 사실이 널리 알려져 있다. 즉 발원지 연구 결과, 지금은 스페인 독감이 미국 캔자스주에서 발원했다는 것이 다수설로 자리 잡았다. 도널드 트럼프 미국 대통령이 코로나19 사태 와중에 본인 연설문에 적힌 '코로나바이러스'를 직접 '중국 바이러스'로 고친 장면이 카메라에 포착되었듯, 전염병의 발원지는 정서적으로 민감한 사안일뿐더러 정치적으로 활용되기도 한다. 스페인 독감에 대해서도 마찬가지로 이것을 '미국(아메리카) 독감'으로 정정해야 한다는 식의 이야기가 코로나19가 확산하면서 덤으로 인기를 끌었다.

여기서 우리가 주목할 점은 '중국' '스페인' '미국' 같은 지명이 아니라, 역병의 폭발적 대유행을 초래한 대규모 인적 접촉의 배후에 존재하는 동기다. 미국은 1차 세계대전이 발발한 지 3년 만인 1917년 이 전쟁에 참전했는데, 만약 미국이 1차 세계대전에 끝내 뛰어들지 않았다면 '스페인 독감'이라는 명칭이 '미국 독감'으로 달라지는 데 그치지 않고 '미국 독감'의 피해가 '스페인 독감'의 피해보다 적었을 것이라고 추측하는 것은 상당히 합리적이다.

스페인 독감은 인간이 대규모로 집적한 전선에서 매우 효율적으로 확산했을 것이며, 마침 종전과 함께 전쟁에 참여한 많은 사람이 질병을 고향으로 데려감으로써 손쉽게 팬데믹이 될 수 있었다. 어떤 이들은 반대로 스페인 독감 때문에 빨리 종전이 됐다고 주장한다. 선후가 어찌 됐든 한달음에 대륙 간 이동이 이루어졌다는 점에서는 바이러스 입장에서 고무적인 결과다. 미국과 북한이 주로 '대륙 간 탄도 미사일ICBM'을 두고 심각한 신경전을 벌인 사실을 떠올리면 '대륙 간 이동'의 의의가 충분히 파악된다. 중세에 중동에 온 십자군 병사의 몸에 들어간 바이러스가 예컨대 영국 같은 먼 지역까지 이동하려면 몇 년을 숙주인 인간과 함께해야 했던 것과 비교해볼 때 이 점은 더욱 확실해진다.

그러나 이런 외관상 차이에도 1차 세계대전이든 십자군 전쟁이든, 역병의 폭발적 확산을 초래한 배후의 동기는 모두 '전쟁'으로서 동일하다. 폭력적으로 상대방을 제압하려는 대규모 물리적 충돌이라는 측면에서 두 전쟁 사이에 차이점을 발견할 수는 없다.

　반면 코로나19가 팬데믹으로 발전한 배경에 존재하는 동기는 전혀 다른 것이었다. 국경을 넘나드는, 아니 국경을 없앴다고 말하는 게 더 타당할 '자본의 전 지구적 이동'과 그것의 부분적 표현이자 인적 표현인 '인간의 국가 간 자유로운 이동'이 배후에 있었다. 오늘날엔 자본의 흐름에 조응하여 노동력이 움직이고, 관광객이 움직인다. 지구 범위에서 펼쳐지는 자본의 자유롭고 빠르며 방대한 이동은, 근대국가 범위 내에서도 세계화한 자본의 흐름에 최적화한 국가 내부의 흐름을 만들어낸다.

　노동과 소비를 통한 인간 사이의 다양한 접면接面은 국가 간이나 국가 내에서 과거 어떤 바이러스나 박테리아가 누리지 못한 엄청난 기회를 코로나바이러스에게 부여했다. 코로나바이러스에게 미증유의 기회를 제공한 장본인은 바로 자본이다. 자본은 자신의 자유와 해방을 위해 필연적으로 세계화를 불러들인다. 스페인 독감 이면의 자본은 코로나19 배후에 존재하는 자본과 달랐다. 국가적이고 인간적인 욕망과 합체한, 혹은 정복이라는 오랜 욕망의 지배를 받은, 자본의 관점에선 미성숙한 상태의 자본이었다. 코로나19 배후의 자본, 즉 세계화한 자본이자 오히려 세계화 그 자체인 자본은, 많은 변이를 거쳐서 모든 인간적인 특성을 상각하고 모든 역사성을 털어버린 자본 자체의 본성만으로 채워진 순수 자본이다.

　근대 자본주의가 태동한 이후 자본은 현재의 자본 형태에 이르기까지 여러 차례 변이를 진행해 고도화했다. 세계화는 애초에 자본의 본성에 부합한다. 그러나 자본의 인큐베이팅은 근대국가 안에서 이뤄졌고, 자본주의와 함께 성장한 근대국가는 내부적으로 시장사회와 민주주의 경향을 동시에 포함하며 끊임없이 두 경향 사이의 상충과 갈등을 조율했다. 두 경향 사이의 싸움이 거의 시장사회의 승리로 귀결하는 가운데, 쇠락한 민주주의는 기이하게도 세계화와 조합되는 특이한 활로를 찾아낸다. 정확하게는 세계화에 의한 민주주의의 변용이라 보는 것이 타당하며, 더 정확하게는 근대국가 내에서 좌초한 민주주의를 세계화가 재활용했다고 봐야겠다.

이는 곧 쇠락한 민주주의가 이른바 '범세계적 민주주의'를 통해 민주주의의 소멸을 은닉하려 한다는 분석인데, '범세계적 민주주의'가 기업에서 적정한 가능성을 발견한 현실을 감안하면 혜안이 아닐 수 없다. 세계화의 진전은 다국적기업을 만들어냈다. 반대로 다국적기업 혹은 국적을 거부하는 자본이 세계화를 진전시켰다고도 말할 수 있다. 다국적기업은 국경에 구속받지 않으며 개별 국가의 통치 능력에도 개의치 않는다. '범세계적 민주주의'는 개별 국가 차원의 인권을 넘어서며 '민주주의'의 이름으로 오히려 민주주의를 능동적으로 배제한다.

일찌감치 개별 국가의 역량을 넘어서고 그 위에 군림한 다국적기업들이 '진짜' 민주주의에 관심을 두지 않는 것은 그들의 문법에서 지극히 정상적이다. 그들의 유일한 관심사는 돈이기 때문이다. 사실 이 말은 동어반복이다. '다국적기업=초국적 자본'이기에, 다국적기업 형태로도 나타나는 초국적 성격을 지닌 자본은 유일하게 증식만을 존재의 이유로 삼는다.

다국적기업은 전체주의가 몰락하고 전 세계적으로 (서구) 민주주의가 보급됨에 따라 스스로 민주주의적 기업시민으로 거듭나고 있다. 다국적기업은 마음만 먹으면 언제든지 국경을 건너갈 수 있는 능력을 갖췄다. 이 사실은 다국적기업에게 특정한 국민국가의 국경 내에서 그 국민국가에 대한 협상력의 우위를 준다. 국경은 난민에겐 냉담하지만 '범세계적 기업시민'에겐 호의적이다. 그리고 코로나19 사태에서 밝혀졌듯 강력한 바이러스에게도 속수무책이다. 바이러스의 막강한 권능은 세계화가 만들어낸 국경의 무력화, 천문학적 규모로 이뤄지는 사람과 상품의 세계적 범위의 이동, 그리고 빠른 이동속도에 힘입은 것이다. 코로나바이러스가 인간사에 개입하기 전까지 세계화의 유일한 승자는 자본이었다.

탈세계화와 역세계화

세계화의 승리자가 자본이라는 데는 이견이 없지만, 국민국가 차원에서는 '세계화의 덫'에 걸린 국가들과 수혜 국가들이 나뉜다. 한데 세계화 수혜국의 지위가 영구적이지는 않을 것 같다. 세계화의 균열을 예감하게 하는 가장 상징적인 사건은 미국에서 일어났다. 세계화의 가장 큰 수혜국이자 기수인 미국에서 고립주의를 표방한 도널드 트럼프가 2016년 대통령으로 당선된 것이다. 이와 유사하게, (유럽연합의 입장이 국제주의냐 확대된 지역주의냐를 두고 논란이 있긴 하지만) 같은 해 영국이 국민투표를 통해 유럽연합을 탈퇴하기로 결정한 일 역시 고립을 택한 결과라는 데 이견이 없다.

현재의 세계질서와 국제경제의 틀을 기획한 영국과 미국이 스스로 그 체제를 버리고 고립주의로 돌아간 것은, 트럼프의 구호 '아메리카 퍼스트!'가 단적으로 표현하듯 자국 이익을 먼저 실현하기 위해서다. 가치나 명분보다 이익을 앞세우는 국가의 모습이 낯선 것은 아니다. 다만 지구촌의 경찰국가이자 21세기 초반 세계 유일 강대국인 미국이 기존의 지도국가 역할을 포기하고 철저하게 계산기를 두드리는 많은 국가 중 하나로 돌아간 일은 당장 지구촌에 리더십 공백을 초래하기 때문에, 과거의 공과를 불문하고 현재로선 우려스럽다는 분석이 많다. 조 바이든 행정부 이후 조금씩 변용이 일어나겠지만 트럼프가 커밍아웃한 미국의 길이 종국에 앞으로 미국이 가게 될 길이라는 분석은 타당해 보인다.

그렇다면 '아메리카 퍼스트!'로 표상되는 미국의 자국 이익 우선주의가 출현한 배경은 무엇일까? 간단히 말해 미국이 대장 노릇을 하는 동안 자국 이익이 침해받고 있으며 침해 정도가 감당하기 힘든 수준에 다다랐다는 것이 트럼프를 백악관으로 보낸 미국인들의 생각이다. 미국이 멕시코 국경에 실제로 벽을 쌓은 행위는 세계화에 정면으로 역주행한 기념비적인 사건이었다. 트럼프 대통령의 부분적 탈脫세계화 노선은 과거 미국의 고립주의 전통과 닿아 있지만 세계화의 극성기에 삐져나온 불의의 어깃장이어서 당혹스럽다.

하지만 세계화 자체가 국가주의나 고립주의와, 또는 더 직접적으로는 근대에 등장한 국민국가와 기본설계에서 모순되는 측면이 있다고 할 때, 세계화와 고립주의 사이의 반목은 언제나 존재해왔다. 국민국가가 세계화와 완벽하게 조화하기 위해서는 중국처럼 '세계의 공장'이 되어 세계화 경제체제의 확고한 구성 요소로 인정받거나, 과거의 미국처럼 국민국가를 넘어서서 세계정부에 근접한 패권국가로서 기능해야 한다. 그렇지 않은 대다수 국가는 세계화 체제에서 살아남기 위해 스스로 국가체제를 조정하며 생존게임을 벌여야 한다. 가령 한국은 세계화 경제에서 한때 위기에 몰리기도 했지만 전체적으로 보아 생존게임에서 성공적으로 살아남은 사례인데, 이런 한국의 경로가 다른 모든 국가에 보장되는 것은 아니고 한국이 앞으로도 성공적일 것이란 보장 또한 없다. 그럼에도 각국은 세계화한 국제경제에 최적화하여 어떻게든 이 체제에서 생존하고 번성하려 애를 쓰고 있다.

코로나19가 발발하고 본격적으로 세계를 강타하자, 세계화한 지구촌과 국제경제 또한 크게 휘청거렸다. 역병의 확산과 대유행이 수십 년에 걸쳐 구축된 세계화의 인프라를 타고 이루어졌음은 누구도 부인할 수 없다. 5장에서 언급한 아프리카의 '금수저' 청년 마캄바가 확진된 곳은 그의 고향 짐바브웨이지만 감염지로 추정되는 곳이 뉴욕이라는 사실은 분명한 세계화의 현상이다.

모든 길은 로마로 통한다고 할 때 그 길을 대표하는 곳은 '로마 가도'였을 것이다. 로마제국의 군대가 이동하고 물사를 운반하던 로마의 고속도로는, 제국의 국력이 쇠하자 역으로 이민족이 침략하는 공격로로 사용되었다. 세계화의 가장 큰 특징은 대규모 인적·물적 이동과 빠른 속도다. 코로나19가 자본이 이동한 '세계화 고속도로'를 타고 급속도로 퍼지자, 우리가 목격한 대로 세계 각국은 역逆세계화 조치를 단행했다. 자국 내에서 '사회적 거리두기'를 시행하면서 타국에 대해선 입국 금지, 운항 중단 등으로 단절에 나섰다. 여기에다 코로나19로 공장 가동까지 대거 중단되면서 자연스럽게 물류가 느려졌다. '격리' '단절' '중단' 같은 어휘는 세계화 진영의 어휘 목록에 존재하지 않았지만, 코로나바이러스라는 눈앞의 위협을 더 두려워하게 되면서 불가피하게 현실의 단어로 부상했다.

용어를 구분하자면 미국의 부분적 탈脫세계화는 세계화의 흐름을 전체적으로 수용하되 자국에 유리한 방향으로만 그것을 선별적으로 이용하겠다는 것을 의미하고, 지금의 역逆세계화는 세계화에 맞설 아무런 의도나 의지 없이 갑자기 들이닥친 임박한 위험 때문에 세세화의 흐름을 잠정 중단시키거나 흐름을 늦추는 것을 뜻한다. 로마 가도를 들어 비유하자면 코로나 사태 발발 이전에 미국이 취한 부분적 탈세계화는 자국의 유불리에 따라 로마 가도의 어떤 길은 트고 어떤 길은 막은 것이라면, 코로나19 사태 발발 이후 각국이 취한 역세계화는 유불리를 따지지 않고 또는 유불리를 따질 겨를 없이 길을 막거나 길의 통행량을 줄인 사례라고 할 수 있다.

코로나19 사태 종식 이후 '포스트 코로나 시대'의 인류는 역세계화에 계속 머물 수 있을까? 그런 세계가 가능할 법하지는 않다. 특히 세계화에 적응한, 또는 의존한 경제체제를 발전시킨 한국이 역세계화를 추진하다간 당장 몇 년 안에 국가적 위기로 내몰릴 게 뻔하다.

'포스트 코로나 시대' 대한민국의 국가 의제 가운데 세계화에 대해선 당장은 탈세계화나 역세계화 모두 실행 가능한 대안이 아님이 분명하다. 국태민안國泰民安, 경세제민經世濟民, 부국강병富國强兵 등을 내세울 근대 국민국가의 입장을 취한다면 코로나19 제압을 전제로 당연히 역세계화에서 빨리 벗어나야 한다. 코로나19 대처에서 한국이 세계의 모범 사례로 칭송받고 있고 실제로 그렇게 매조지를 해낼 수 있다면 빠른 '역세계화 탈피'가 다른 나라들보다 먼저 주어질 수 있고, 그런 기회를 선용한다면 한국은 '코로나 이전'보다 '코로나 이후'에 더 각광받는 나라가 되리라고 충분히 예측할 수 있다.

부분적 탈세계화는, 국제사회에서 한국의 입지가 탄탄하고 합당한 발언권이 있다면 트럼프식 '깡패국가'를 회피하며 모색해볼 만한 방향이다. 더구나 한국은 지금까지 미국과 같은 세계의 리더 위치에 오른 적이 없기에, 좀 더 자국 위주의 전략을 추구한다 해도 (그것이 실제 유효하든 유효하지 않든) 상당한 운신의 폭을 갖는다.

코로나19 사태로 다시금 중요성을 실감하게 된 국가의 기능과 역량이 있다. 보건과 안전 역량은 당연하고, 포괄적 의미의 국가안전망을 유지하기 위한 어떤 핵심 요소들은 세계화의 흐름에서 벗어나더라도 확보해야 할 필요성이 확인됐다. 코로나19 사태가 어느 정도 종식된 이후 '대한민국 코로나19 보고서'를 통해 그러한 전략과 실천 목록을 제시하는 방안이 자연스럽게 검토되리라고 본다. 향후 정부 차원의 백서를 바탕으로 차기 정부를 준비하는 그룹들이 깊이 있는 청사진을 그려 보리라고 예상한다.

새로운 세계화를 모색할 때

세계화는 기본적으로 약탈체계다. 세계경제 전체로 보면 남반구와 북반구의 격차를 심화하여 제3세계 빈국들을 벼랑 끝으로 몰아붙인다. 일국의 범위에서는 가진 것 없고 힘없는 취약계층의 희생을 강요하고 중간층을 바닥으로 내려가도록 압박한다. 세계화의 유일한 승자가 자본 외에는 없다는 사실은, 이체계의 근본적이고 구조적인 결함을 노정한다.

코로나19가 세계 전역으로 일파만파 퍼져나가면서 확실

하게 드러났듯, 위기는 세계화의 인프라를 타고 세계적 규모로 도래하지만 위기에 대처할 책임은 전적으로 개별 국민국가에 맡겨져 있다. 코로나19 사태 와중에 세계보건기구나 유엔은 거대 평론기구 이상도 이하도 아니었다. 세계적 범위의 위기에 대한 대처가 개별 국가 차원에 맡겨진 상황은, 결국 세계화가 비상시 인간을 위기에서 구해내지 못할뿐더러 평상시 인간을 위기로 밀어 넣는 사악한 시스템임을 입증한다.

문제는 세계경제와 개별 국민국가가 세계화 체계에 거의 완벽하게 포획되어 있어, 반反세계화의 각성이 일어난다 해도 이를 실천으로 연결지을 방도를 찾기 어렵다는 데서 발견된다. 가령 세계화와 관련한 북한의 태도는 분명 반세계화로 규정되어야 할 테지만, 자본의 침입을 막기 위한 반세계화가 아니라 취약한 체제를 지키기 위한 반세계화라는 특성을 갖는다. 정상국가의 반세계화 사례를 찾기 어렵다는 뜻이다.

북한은 코로나19 사태 와중에 오랫동안 '코로나19 청정국' 지위를 고수했다. 미국 존스홉킨스대학 CSSE Center for System and Engineering가 발표한 코로나19 국가 통계를 보면, 세계지도상에서 북한은 투르크메니스탄, 아프리카 일부 국가 등과 함께 작은 점(점의 크기는 확진자·사망자 수에 비례한다) 하나 찍히지 않은 극소수의 코로나19 미발생국으로 표시됐다.

북한은 공식적으로 '코로나19 청정국'임을 반복해서 주장했다. 북한 〈로동신문〉은 "전 세계가 악성 비루스(바이러스) 감염증의 피해로 인한 대혼란 속에 빠져 전전긍긍하고 있는 때에 우리나라에서는 단 한 명의 감염자도 발생하지 않았다"며 "세상에서 가장 우월한 우리나라 사회주의 보건 제도가 있기 때문"이라고 논설을 통해 밝힌 바 있다. 그러나 북한의 이 같은 공식 주장을 믿는 사람은 거의 없다. 북한은 코로나19 팬데믹의 '청정지대'가 아니라 검사를 하지 못해 확진자를 확인할 수 없는 대표적인 '사각지대'이거나 확진자 및 사망자를 숨기는 '은닉지대'라는 것이 국제사회의 시선이다. 유엔 인도주의업무조정국OCHA이 2020년 5월 7일 공개한 〈코로나19 국제인도적 대응 계획COVID-19 Global Humanitarian Response Plan〉 보고서에서, '코로나19 청정국' 북한의 코로나19 대응 및 인도적 지원을 위해 1,800억 원 상당의 자금이 필요하다고 밝힌 것은 이러한 시선을 반영한다. 보고서는 북한 내 코로나19 확진자가 없다고 소개하면서도 대응 자금을 편성해놓았다.

북한의 반세계화는 당연히 바람직하지 않다. 한국의 '컨트리 리스크'에는 남북 분단과 대치에 따른 '북한 리스크'가 포함된다. '포스트 코로나 시대'의 한국은 약탈적 세계화에 반대하되 세계화의 긍정적 요소를 십분 활용하는, 실용과 명분을 조화하는 관점을 세워야 한다. 그 과정에서 '포스트 코로나 시대'를 함께 맞을 북한을 리스크 측면과 기회 측면에서 함께 고려하면서 국가의 새로운 세계화 대응체제를 고민해야 한다. 이런 고민은 비단 한국에만 해당하지 않는다. 코로나19 사태를 계기로, 기존의 세계화를 새롭게 해석하여 변혁적으로 활용하고자 하는 개별 국가의 시도와 국가 간 연대 움직임이 필연적으로 부상할 것이다.

'포스트 코로나 패러다임'을 탐색하는 과정에서 확실한 것하나는, 트럼프의 미국은 새 패러다임에 포함되지 말아야 할 대표적 내용을 실증하고 있다는 점이다. 코로나19가 본격적으로 전 세계에 확산되기 시작할 무렵에 불거져 나온 미국의 행위는 미국의 위상을 심각하게 실추시켰고, 새 시대의 반면교사 역할로 확고하게 자리매김했다.

트럼프 행정부는 코로나19 백신 개발이 유망한 것으로 알려진 독일 바이오기업 큐어백CureVac으로부터 사실상 백신 독점권을 사들이려고 시도했다. 미국 행정부가 독일 기업에 최대 10억 달러를 대고 그 대가로 연구 결과에 대한 독점적 권리 보장을 요구한 것이다. 당연히 독일 정부는 이에 강력하게 반발했다. 언론 보도에 따르면 큐어백 CEO 대니얼 메니첼라Daniel Menichella는 2020년 3월 2일 미국 워싱턴 D.C. 백악관에서 열린 코로나19 대책회의에 참석했다. 당시 회의에는 메니첼라 외에 트럼프 대통령과 미국의 코로나19 대응 총책임자인 마이크 펜스 부통령 등 미국 국가 수뇌부가 모두 참여했다. 이 회의 후 얼마 지나지 않아 큐어백은 별다른 배경 설명 없이 CEO를 매니첼라에서 창립자 잉마어 회어 Ingmar Hoerr로 교체한다고 발표했다. 갑작스러운 CEO 교체의 이유로 양국 정부의 갈등설이 언론에 보도됐다.

독일 남서부 튀빙겐에 본사를 둔 큐어백은 'mRNA' 기반 백신 치료제를 만드는 곳으로, 전염병 백신 분야에서 선두 그룹에 속하며 관련 특허를 다수 보유하고 있다. 마이크로소프트Microsoft 창업자 빌 게이츠Bill Gates가 세운 '빌 앤드 멀린다 게이츠 재단'이 말라리아 백신 개발을 위해 500만 달러를 지원한 곳도 큐어백이었다.

트럼프의 자국우선주의에 입각한 코로나19 백신 독점 시도는 확실히 후안무치한 행동이었다. 백신 분야에서 뛰어난 성과를 보인 독일 기업에 돈을 주어 코로나19 백신을 개발케 한 뒤 개발 성과를 독점하겠다는 발상은 과연 그 시국에서 트럼프만이 함 직한 것이었다. 전 세계적 재앙이 불어닥친 가운데 미국만이 백신을 독점하겠다는 계획은, 일부 미국인들로부터는 박수를 받을지 몰라도 보편적 인권과 인류애의 관점에서는 파렴치하고 부도덕한 행위라는 지탄을 피할 수 없다. 그런데 어떤 시각에서 보면 이는 세계화의 행동 규범을 충실하게 실천한 것이기도 하다. 자금 출처가 정부라는 점도 논란거리이긴 한데, 필요한 것은 어디서든 돈을 주고 살 수 있다는 생각은 세계화한 자본주의, 즉 신자유주의의 정신세계에선 합리적인 행동이다. 돈으로 사지 못할 것은 아무것도 없다는 시장만능주의, 그리고 그 시장이 지구상에만 존재한다면 무엇이든 사고팔지 못할 이유가 없다는 논리. 전 인류가 고통과 위험에 휩싸인 총체적 재앙 속에서도, 그 재앙에서 벗어나는 수단을 적정한 값을 지불하고 독점적으로 선점할 수 있다는 트럼프의 생각은 지금의 시대정신 그 자체다.

고통을 분담하는 세계시민주의

반면 편협한 세계화의 관점을 벗어나 세계시민주의의 가능성을 제시한 희망의 움직임이 목격된 것은 '포스트 코로나 패러다임'의 명백하고도 긍정적인 징후였다. 세계 30여 개국 정상과 각계 지도자는 2020년 5월 4일 화상회의를 열어 코로나19 백신과 치료제의 조기 확보, 또 전 세계 고른 공급을 위해 최소 74억 유로(약 10조 원)를 모으기로 합의했으며, 여기서 한국은 5,000만 달러를 분담하기로 약속했다.

일각에서 코로나19 치료제가 조기에 개발되어도 1인당 지불액이 수백만 원에 달할 것으로 전망한 가운데 이뤄진 이 국제적 합의에, '전 세계 고른 공급'이 포함된 점은 매우 고무적이다. 개발된 치료제 혹은 백신을 가난한 나라에도 공평하게 제공하는 것을 전제로 한 합의이기 때문이다. 다른 나라의 백신 회사에 거액을 주고 백신 독점권을 확보하려 한 트럼프 행정부의 행태와 강력한 대비를 이룬다. 회의에 참석한 지도자들은 세계보건기구를 비롯한 다자간 협력 기구에 대해 지지를 선언했다. 세계보건기구가 중국에 편향돼 있다며 자금 지원 중단을 선언한 미국과는 역시 반대되는 움직임이다.

세계화와 신자유주의로 대표되는 약탈적 세계체제 안에서 인류는 1997년 자발적 온실가스 감축을 약속하는 '교토 의정서'를 체결하여 의정서 가입 국가별로 약속한 양의 온실가스를 줄였고, 2010년에는 국제표준화기구ISO를 통해 사회적 책임에 관한 국제표준을 만들었다. 그리고 코로나19 사태 와중에 전례를 찾기 힘든 세계시민주의적 합의를 끌어냈다. 이 합의가 합의 내용대로 실천되어 소기의 성과를 거둔다면 약탈적 세계체제에서 패배감에 절어 있던 인류는 미미하게나마 희망을 품을 수 있을 것이다.

다만 이번에도 미국이 '문제아'로 기록됐다. 미국은 공식적으로 환영 의사를 표명했지만 회의에 참여하지 않았고, 따라서 지원금을 약속하지도 않았다. 미국인만을 위한 백신 개발에 관심을 기울이고 있던 트럼프로서는 함께 개발하여 함께 쓰는 백신과 치료제에 처음부터 매력을 느끼지 못했을 것이라고 능히 짐작할 수 있다. '유럽 주도'의 회의에 미국 외에 러시아와 인도도 불참했다.

마이크로소프트 창업자 빌 게이츠는 2020년 8월 18일자 영국 주간지 〈이코노미스트The Economist〉 인터뷰에서 "2021년 말까지 효과적인 코로나19 백신이 대량 생산되고, 전 세계 인구 상당수가 접종을 통해 전염병을 예방할 수 있을 것"이라고 전망하면서, "부유한 국가들이 빈곤국을 위해 백신을 구매하여 제공해야 한다"고 촉구했다. 게이츠는 이러한 조치가 빈곤국이 코로나19의 또 다른 진원이 되는 것을 막아 대유행을 멈출 궁극적인 방법이라고 강조했다. 그는 부유한 국가에서 백신 생산에 필요한 고정비용을 충당할 만한 가격을 책정해 구매한다면 빈곤국에서는 상대적으로 저렴하게 백신을 유통할 수 있게 된다고 설명했다.

자국민에게 우선적으로 백신과 치료제를 공급하겠다는 미국식의 자국우선주의는 코로나19 팬데믹에 따른 역세계화 혹은 탈세계화와 같은 흐름으로 읽힐 수도 있다. 거꾸로 보자면, 내일 당장 세계화가 복원된다고 가정하더라도 자국우선주의가 사라지리라고 기대할 수는 없다. 직접 전면에 나서기도 했지만 주로 국민국가는 자국에 연고를 가진 다국적기업들을 통해 자국우선주의를 세련되게 관철하곤 했다. 자국우선주의는 자본의 논리를 준수하는 한 세계화와 배치되지 않았다. 즉 약탈성과 배타성을 공통분모로 하여 세계화와 자국우선주의는 공존할 수 있었다. 그러나 이것이 모든 국가에 가능하지는 않고, 오직 강대국에만 가능하다. 세계화와 신자유주의 시대에 일렁이는 제국주의의 잔영인 셈이다. 제국주의의 변이 형태로서 이따금 돌출하는 자국우선주의나 국수주의의 실행은, 북한 같은 극소수 예외를 제외하면 세계화 수혜국의 특권일 뿐이다.

앞으로 상당 기간 세계화를 전면 폐기하고 철저한 고립을 선택할 수 있는 국가는 현재로서 상상할 수 없다. 따라서 인류의 선택은 고립과 연대 가운데 하나를 고르는 것이 아니라, 이미 방대하고 강력하게 존재하는 연결 속에서 올바른 방향을 찾는 것이라고 봐야 한다. 우리는 세계화가 자국이기주의의 각축장으로 활용되지 않도록, 또 약소국과 취약계층을 약탈하는 데 면죄부를 부여하는 장으로 악용되지 않도록 해야 한다. 그렇게 세계화 체계의 독성을 해독하는 한편, 세계화를 통해 기왕에 구축된 연결망에 주목하여 그곳에서 세계시민적 연대를 복원하고 강화하면서 시장가치를 넘어 보편적 가치를 실현하는 계기로 삼는 것이 아마도 올바른 방향이리라.

코로나19라는 공동의 위기가 사라지고 슬그머니 역세계화가 물러간 뒤에도 과연 인류가 과거의 관성으로 돌아가지 않은 채 올바른 방향을 고수할 수 있을지는 미지수다. 하지만 코로나 이후의 세상이 여전히 세계화 체계가 활개 치는 세상일 개연성이 높다 해도 미리 실망할 필요는 없다. 코로나19 사태는 독일 메르켈 총리의 말마따나 2차 세계대전 이후 최악의 위기지만, 수백 년을 이어온 국민국가와 자본주의를 주축으로 한 근대성의 이념을 무너뜨릴 만큼의 위기가 아닐 수 있다. 불완전한 세상이 완전해지기를 바라면서 더 큰 재앙을 달라고 기도할 수는 없는 노릇이다.

바이러스가 불러온 재앙은, 앞서 인간이 불러온 세계화와 신자유주의라는 재앙과 겹쳐 심각하게 증폭되었다. 그러나 바이러스가 기승을 부리는 동안 인류는 생존을 위해 분투했고, 그 분투 속에는 더 나은 세상을 향한 모색이 포함됐다. 코로나 바이러스가 물러나면서 세계화와 신자유주의가 구축해놓은 공고한 약탈의 일상적 재앙을 가져갈 것 같지는 않다. 우리는 그것이 되돌아올 것으로 예상해야 한다. 그럼에도 지금의 위기는, 인류가 서로의 고통을 걱정하고 고통을 나누며 인류애를 확인하는 소중한 경험을 쌓으면서 세계시민주의를 각성하는 하나의 계기가 되지 않을까. 각성의 수준이 어느 정도일지, 그리하여 세계시민주의의 견지에서 어느 정도의 변화를 만들어낼 수 있을지는 두고 봐야 알 수 있을 뿐이다. 또 그것은 지금부터 우리가 어떻게 미래를 실천하느냐에 달려 있다. 당장은 세계시민주의에 입각하여 더 많은 인명을 구하고 더 빨리 위기를 종식하기 위해, 국제적으로 협력하면서 (세계)시민적 양식을 실천하는 일에 집중해야 한다.

'콘택트' 없는 '언택트'는 디스토피아

배송 기사에게 미안한 마음이 있어서였을까. 나는 개인적으로 쿠팡을 이용해본 적이 없다. 특히 쿠팡의 트레이드마크인 '새벽배송'에 어쩐지 불편한 마음이 들어 눈길을 주지 않았다. 코로나19 발발 이전까지 그랬다는 얘기다. 코로나19 발발 이후에는 쿠팡 배송 차량이 가끔 내가 사는 집 앞에 선다. 상품을 부리기 위한 정차 시간이 새벽인 적도 있다.

코로나로 기회 잡은 쿠팡

쿠팡은 한국 e커머스 기업 중 최초로 전국 단위에서 신선식품을 새벽에 배송하기 시작한 곳이다. 새벽배송이 '아침' 맞춤이라면 '저녁' 맞춤도 생겼다. 신선식품을 오전 10시까지 주문하면 오후 6시까지 전해주는 '로켓프레시 당일배송 서비스'가 그것이다. 코로나19 사태로 쿠팡은 호기를 맞았다. 나 같은 사람을 비롯해 많은 사람이 새롭게 쿠팡의 고객이 됐다.

"쿠팡에서 물건을 한 번도 안 사본 사람은 있지만, 한 번만 사본 사람은 없다." 쿠팡은 자사의 편리함을 이렇게 자랑하는데, 코로나19가 그 '한 번'의 계기를 대대적으로 제공하면서 이런 주장이 사실로 입증되고 있다. 나 역시 그들의 실증 사례다.

이른바 '비대면' 즉 '언택트untact' 산업은 코로나19 사태의 최대 수혜자다. 격리와 거리두기가 강조되면서 대면과 접촉이 자연스럽게 줄어들어 언택트는 코로나 시대의 확고한 트렌드로 자리 잡았다. 이 트렌드는 코로나19 사태 종식 후에도 계속될 전망이다.

이 같은 전망은 업계 동향으로도 확인된다. 쿠팡으로 대표되는 새벽배송 시장에 코로나19 사태 이후 주요 유통기업들이 잇달아 진출하고 있기 때문이다. 2018년 국내 백화점 가운데 처음으로 새벽배송을 시도한 현대백화점은 2020년 코로나19 사태 이후 새벽배송 시장으로 돌아왔다. 주문 마감 시간, 배송 품목, 배송 지역 등에서 과거 새벽배송의 문제점을 개선하여, 커지고 있는 이 시장에 다시 진출한 것이다. 롯데그룹도 마트·백화점 등 자사 유통채널을 통합한 온라인 쇼핑몰을 통해 새벽배송을 본격화했다.

새벽배송 원조인 '마켓컬리' 운영사 컬리의 투자 유치는 언택트 산업의 미래를 낙관하는 흐름을 대표한다. 컬리는 코로나 사태 한가운데서 2019년 매출의 절반에 육박하는 2,000억 원 규모의 투자를 성사시켰다. 이는 컬리의 다섯 번째 투자 유치이자 액수로는 가장 큰 투자 유치다. 코로나19로 세계경제가 가라앉고 있는 상황에서 오히려 코로나19가 기회가 된 많지 않은 사례에 속한다. 만일 코로나19가 확산되지 않았어도 컬리가 이 정도 규모의 투자를 받을 수 있었을지 궁금해진다.

우리나라 새벽배송 시장 규모는 2015년 100억 원에서 2019년 4,000억 원으로 커졌고 코로나19의 해인 2020년엔 1조 원을 찍을 전망이다. 5년 만에 100배 성장한 시장이다. 코로나19 확산으로 주문량 마감률 등 다양한 통계를 통해 언택트 소비가 늘어나고 있음이 확인되면서, 향후 이런 소비 패턴의 정착 또한 강력하게 점쳐지고 있다.

물류와 배송에 일어난 언택트 트렌드는 세계 1위 전자상거래 기업 아마존Amazon에서도 확인된다. 아마존은 2020년 3월에 창고 직원 10만 명을 새로 고용한 데 이어 곧바로 7만 5,000명을 더 뽑았다. 코로나19 사태로 전례 없이 폭증하는 배달 수요를 맞추기 위해서였다.

대세로 자리 잡은 브이커머스

언택트 소비는 유통산업 전반에 변화를 만들어내고 있다. 배송이 비대면으로 이뤄진다 해도 기본적으로는 그 전에 상품 선택이 이뤄져야 하기에, 소비자의 선택 또한 비대면으로 옮아가는 추세가 뚜렷하다. 백화점 등 전통적인 대면 매장은 코로나19로 직격탄을 맞은 가운데 언택트 마케팅은 소비자와 기업 상품의 가치 있고 효율적인 접점을 '브이커머스U-Commerce'에서 찾는다. 배송보다 중요한 것은 소비자로 하여금 상품을 선택해 지갑을 열게 하는 것인데, 소비자를 시장으로 불러낼 수 없다면 소비자의 눈앞에 매대를 갖다 놓는 방법을 고심한 결과가 브이커머스다.

브이커머스는 '비디오 커머스'라고도 하는데 모바일 동영상을 마케팅에 활용하는 새로운 전자상거래 유형이다. 패션·뷰티 제품을 중심으로 브이커머스가 활성화하여 지금은 책과 IT기기 등 여러 분야로 확대되고 있다. 브이커머스는 ICT기술의 발전에 따른 인프라의 확대와 직접 관련된다. 전자상거래가 이루어지기 위해서 인터넷이 필수였듯, 브이커머스의 기반은 스마트폰이다. 스마트폰으로 동영상을 보면서 상품과 접하고, 이용자 후기를 댓글만이 아니라 실감 나는 동영상으로도 확인하며 구매까지 결정하는 새로운 유형의 소비자는, 대규모 데이터를 버벅대지 않고 전송할 수 있는 '이동통신망'과 이를 손안에서 생생하게 작동시키는 '모바일 기기', 그리고 동영상을 상품 큐레이션의 수단으로 주목해 실제로 활용한 '기업의 마케팅 능력'이 결합하여 탄생했다.

브이커머스의 최대 장점은 역설적으로 전통적인 시장 마케팅의 장점과 동일하다. 소비자가 상품을 직접 볼 수 있도록 만든 게 브이커머스의 매력이다. '보는 것이 믿는 것seeing is believing'이라는 영어 속담이나 '백문불여일견百聞不如一見'이라는 한자 성어 모두 브이커머스의 장점을 설명해준다. 온라인상에서 신발을 신어보는 것까지는 아직 불가능하기에, 촉감까지 실현한 '촉감 커머스'가 등장하기 전까지 현재로선 브이커머스가 e커머스의 가장 효과적인 마케팅 방식이라 할 수 있다. 브이커머스는 단순히 상품 동영상을 동영상 플랫폼에 올리는 데 그치지 않고 소비자 의견과 연동하거나 공유·추천 버튼으로 구매 행위를 유도하는 등 다양한 콘텐츠 큐레이션 방식을 활용하며 진화하고 있다.

사실 브이커머스는 코로나19와 무관하게 이미 대세였다. 전통적인 소비 패턴이 새로운 소비 패턴으로 서서히 대체되는 가운데 코로나19 사태로 갑작스럽게 주목을 받았을 뿐이다. 코로나19는 이런 대체 속도를 확실히 높여놓을 것이다.

2020년 4월 6일 KT그룹의 디지털 광고 미디어렙 나스미디어가 발표한 '2020 인터넷 이용자 조사 NPR' 결과를 살펴보자. NPR Netizen Profile Research은 국내 PC·모바일 인터넷 이용자의 주요 서비스 이용 행태 및 광고 수용 행태를 분석한 것이다. 국내 인터넷 이용자들은 온라인 동영상 시청 시 유튜브를 가장 많이 이용하는 것으로 나타났다. 흥미로운 사실은 국내 누리꾼의 온라인 동영상 하루 평균 시청 시간이 1시간 38분이나 된다는 점이다. 십 대의 시청 시간은 2시간 35분, 이십 대는 2시간 6분으로 이용 시간이 다른 연령대와 비교해 압도적으로 길었다. 미래는 유튜브의 것이란 얘기다. 나스미디어 관계자는 "2020년 유튜브는 이용자의 일상에 더욱 가까워진 모습을 보였다"며 "특별한 동기와 목적을 갖고 검색을 통해 영상을 시청하던 행태를 넘어, 평소 개인이 선호하던 채널의 구독과 알림 설정을 통해 영상을 보다 적극적으로 시청하는 행태가 눈에 띈다"고 말했다.

옛 세대의 신문이나 TV처럼 유튜브는 성장하는 세대의 '뉴노멀new normal'로 자리 잡았으며, 그런 전환 속에서 브이커머스가 소비자와 기업이 만나는 중요한 접점이 되는 것은 불가피했다고 풀이된다. 코로나19 사태는 이미 움트고 있던 언택트 트렌드를 충격요법으로 강제했고, 그 여파로 브이커머스 또한 빠르게 활성화할 전망이다.

얼굴인식으로 물건 사는 세상

언택트의 확산 속에서 본인 인증이나 결제 분야의 언택트 기술로서 '얼굴인식'이 주목받았다. 얼굴인식이 적용되는 대표적인 영역은 출입 관리로, LG CNS의 'AI 얼굴인식 출입 통제' 시스템을 한 예로 들 수 있다. LG CNS는 자사 건물 출입 관리에 이 시스템을 채택하여 처음에는 얼굴인식만 적용했다가 코로나19가 확산되자 마스크를 써야 출입문 통과가 가능하도록 그 기능을 업그레이드했다. 컴퓨터가 사람 얼굴을 하나하나 식별할 뿐 아니라 마스크를 쓴 얼굴도 구별할 수 있다는 뜻이다. 지문·정맥 인식이나 출입카드 인식 방식을 사용할 때는 사소하게 손 접촉이 일어나곤 했는데, 이 얼굴인식을 통해 그마저도 완전히 방지할 수 있게 된 것이다.

또한 'AI 얼굴인식 출입 통제' 시스템은 열감지 기능을 추가해 체온이 기준보다 높은 직원은 마스크를 착용하지 않은 직원과 함께 출입을 차단하도록 했다. 사람이 입구에 서서 일일이 마스크 착용 여부를 확인하거나 열을 측정하지 않아도 되기 때문에, 당장 보안요원 일자리는 사라지겠지만 거의 완벽한 언택트 출입 관리 및 체온 측정이 가능한 시스템이라고 할 수 있다.

얼굴인식은 출입 관리를 넘어 그 적용 영역이 확대되고 있다. GS리테일에서 운영하는 편의점 GS25가 시범 매장을 통해 '언택트 결제' 시스템을 실험 중이다. BC카드 본사에 입점한 GS25 점포에서는, 고객이 과자나 생활용품 등 필요한 물건이 있으면 매장에 입장해 그냥 들고 가면 그만이다. LG CNS 본사 내의 GS25에서도 사정은 같다. 상품을 고른 후 매장 직원에게 현금이나 신용카드를 건네주고 결제할 필요 없이, 얼굴만 들고 다니다가 물건을 챙겨 나가면 된다. 상품 구매에서 불필요한 접촉을 최소화한 언택트 기술이다. 물론 현재로선 아무나 이 매장들을 이용할 수 없다. 매장 입구에 얼굴인식 시스템이 설치돼 있어, 출입이 가능하도록 미리 얼굴이 등록된 사람에게만 문이 열린다. 상품 구매에 따른 결제는 얼굴 정보와 연동된 직원카드에서 자동으로 이뤄진다.

신한카드에서도 2019년 8월 얼굴만으로 상품을 구매할 수 있는 '신한 페이스 페이' 시스템을 신한카드 본사에서 시범 운영한 뒤, 2020년 4월 한양대학교 등에서 상용 서비스에 들어갔다. 한정된 지역에서만 통용되긴 해도 얼굴이 곧 신분증이자 신용카드인 사회가 도래한 것이다. 이런 시스템은 사전에 얼굴이 등록된 사람만 매장을 이용할 수 있다는 점에서 폐쇄형 구조라는 한계를 갖는다.

드론에서 엿보이는 언택트의 딜레마

요즘 영화에 자주 등장하는 물체로 '드론'을 빼놓을 수 없다. 드론이 영화 소재로 많이 활용되는가 하면, 드론을 이용한 영화나 드라마, 다큐멘터리 촬영은 일반적인 풍경이 됐다.

드론이 등장하는 대표적 영화인 〈아이 인 더 스카이Eye in the Sky〉(2015)에는 고공에 떠 있는 폭격기 수준의 대형 드론과 인간에게 보이지 않게 접근할 수 있는 벌레 크기의 아주 작은 소형 드론이 나온다. 집 밖에서 출입 동향을 감시하며 CCTV 기능을 수행하는 영화 속 소형 드론은 얼핏 벌새처럼 보인다. 이 드론이 이동하려고 날아오르면 영단어 'drone'이 가진 본래의 의미대로 '윙윙거리는 소리'가 난다. 다음에 등장하는 드론은 이것보다 더 작아서 영화에서는 "딱정벌레"라 불리며, 웬

만큼 주의를 기울이지 않고는 사람이 잘 식별할 수 없다. '딱정벌레' 드론도 윙윙거리는 더 작은 소리를 내고, 실내에 몰래 들어가 방 안의 동정을 관찰하여 그 영상을 케냐에서 미국과 영국으로 보낸다. GPS 추적과 마찬가지로 '딱정벌레' 드론이 촬영한 화상의 전송은 인공위성의 도움을 받는다. 이 정도로 구현된 언택트 기술에는 경탄을 넘어선 경악의 가능성이 제기된다.

본래 드론은, (탑승하는) 조종사 없이 무선전파의 유도에 의해 비행이 가능한 비행기나 헬리콥터 모양의 (군사용) 무인항공기unmanned aerial vehicle/uninhabited aerial vehicle, UAV를 가리킨다. 2차 세계대전 직후 수명을 다한 낡은 유인항공기를 공중 표적용 무인기로 재활용하려는 목적에서 개발되기 시작했으니, 애초의 개발 목적이 지금 용도와는 달랐던 셈이다. 이후 다른 분야의 기술 발달과 결합하면서 2000년대 들어 드론은 위협적인 군사무기로 부상했다. 드론의 크기와 무게는 벌레급에서 소형 자동차급까지 다양한 범위에 걸쳐 있으며, 카메라와 센서, 통신 시스템은 거의 기본으로 탑재되고 원격 제어를 통해 이동할 수 있는 동력을 갖추고 있다. 드론의 활용처는 아직 거의 군사 쪽이지만 민간 비즈니스 영역에서 새로운 가능성이 활발하게 모색되고 있다. 영화나 드라마 촬영, 무인 택배 서비스, 농약 살포, 공기질 측정 등 드론의 사용 범위는 날로 넓어지고 있다.

의성어와 연관된 '드론'이라는 이름은 사람이 드론을 어떻게 감각적으로 인식했느냐에 초점을 맞춘 작명이다. 무인항공기를 벌이나 딱정벌레처럼 윙윙거리는 무엇으로 지각하고 그것을 이름으로 굳힌 데에는 모종의 인간중심주의가 개입했으며, 이 인간중심주의는 드론에 대한 오인을 반영한 것이란 해석이 가능하다. 간단히 말해 '소리'나 딱정벌레는 사람을 못 죽이지만 '물체'나 항공기는 대규모 살상까지 자행할 수 있다. 대면 드론의 파괴력보다 비대면 드론의 파괴력이 훨씬 더 크다고도 할 수 있다.

드론은 '미미한 소리'가 아니라 기기vehicle이자 '무기'다. 드론은 그것을 포착하는 사람에겐 '미미한 소리'지만, 전파를 통해 드론을 조종하는 사람에겐 '드론 앞의 사람'을 언제든 제거할 수 있는 치명적 무기다. 이 이중성은 본질적으로 이격성離隔性에서 비롯한다. '소리'이자 '무기'라는 이중성은 이격성과 결부되어 영화의 좋은 소재가 된다. 사실 휴대전화의 구조도 이격성을 소통으로 전환한다는 측면에서 동일한데, 소통하며 저편으로 전하는 것이 화력이 아니라 음성이란 차이만 있을 뿐이다.

모니터 앞에서 드론을 조종하는 이격성하의 사람에게도 이중성 비슷한 것이 불가피하게 나타난다. 드론의 정식 명칭 UAV에서 'U'의 의미로 'unmanned'와 'uninhabited'라는 두 단어가 함께 쓰인다는 데 주목하면, 영화 〈아이 인 더 스카이〉를 더 용이하게 이해할 수 있다. 'unmanned'와 'uninhabited'는 우리말로는 둘 다 '무인' 정도의 의미지만 'unmanned'는 단어 속 'man'이 직접적으로 지시하듯 '무인' 중 '인'에 초점을 맞추었고, 'uninhabited'는 '무인' 중 '무'에 방점을 찍었다. 어느 쪽이든 의미는 비슷하다. 조종석에 조종사가 부재한 비행기를 설명할 때 "조종사가 없다"고 하든 "조종석이 비었다"고 하든 서로 같은 뜻이기 때문이다. 개나 원숭이가 조종석에 앉을 수는 없으니 말이다. 결국 핵심 의미는 접두어 'un'에서 발생할 수밖에 없다. 모니터 앞의 '조종사'는 현장에서 적군을 직접 사살하는 게 아니라 멀리 미국의 공군기지에 안전하게 '앉아서' 드론이 미사일을 발사하도록 버튼을 누른다. 미사일 발사라는 최종 의사결정을 하는 사람들은 또 다른 곳에서 조종사와 '언택트'되어 있으며, 건조하게 결정을 통보한다.

영화상 '미사일 발사'는 마치 공군기지 조종실에서 직접 방아쇠를 당기는 것처럼 묘사되지만, 그 동작 자체는 수천 킬로미터 떨어진 곳의 상공에 위치한 공격용 드론에게 전파를 쏘아 보내는 행위에 불과하다. 조종사가 방아쇠를 당기고 얼마 지나지 않아 모니터에는 폭격으로 사람들이 죽는 모습이 중계된다. 폭격과 살해를 이 조종사가 한 것인지, 공식적인 경로에서 미사일 발사를 최종적으로 승인한 사람들이 한 것인지, 발사 명령이라는 의사결정 과정에 실질적 정보를 제공하는 등 이면에서 개입한 사람들이 한 것인지, 혹은 그저 드론이 한 것인지는 불분명하다. 과연 이 상황이 'unmanned'인지 'manned'인지, 'uninhabited'인지 'inhabited'인지와 관련해,

조종사를 포함한 사람들은 혼란을 겪고 분열을 겪게 된다. 그러나 드론에겐 갈등이 없다.

다른 영화에서는 드론에 AI가 장착되어 마침내 드론 스스로 의사결정을 내려 폭격을 감행하고 대규모 살상을 일으킨다. 언택트는 코로나 시대를 거치며 주목받고 있지만, 어차피 기술 문명의 앞길에 놓인 반드시 거쳐야 할 정류장이었다. 그 길을 지나 우리는 불가피하게 AI를 만나야 하며, 'unmanned'인지 'manned'인지 갈피를 잡을 수 없게 하는 영화 〈아이 인 더 스카이〉의 딜레마는 전면적인 문제로 인간에게 주어지게 된다.

비대면 세계의 등장

요즘 사람의 소지 목록 1위인 휴대전화가 인간 생활에 들어온 지는 생각보다 얼마 되지 않았다. 1978년 미국 시카고에서 AMPS Advanced Mobile Phone Service, 미국 워싱턴 D.C.에서 ARTS American Radio Telephone Service 등 아날로그 방식의 셀룰러 이동전화 서비스가 시험 운용된 후 1979년 일본에서 세계 최초로 셀룰러 방식 이동전화가 상용화했다. 미국에서는 1983년에 상용 서비스가 시작되었으며, 한국에는 1984년 AMPS 방식의 이동전화 서비스가 도입되고 같은 해 SK텔레콤의 전신인 한국이동통신이 설립됐다.

1세대 이동통신이라고도 하는 셀룰러 이동전화는, 사람의 음성을 전기적으로 이동하여 듣는 사람 귀에다 복원하는 기술을 활용한 아날로그 이동통신이다. 지금은 원시적인 기술로 취급받지만 아날로그 이동전화가 나오기까지 인류는 엄청난 지식과 기술의 기반 인프라를 구축해야 했다. 그리고 1990년 대에 드디어 디지털 방식의 이동전화 서비스가 출현했다. 음성을 0과 1, 단 두 개의 숫자로 이해하고 기록하고 전달하여 복원하는 디지털 기술의 등장과 함께 이동전화는 급속한 진화의 도정에 오른다. 특정한 아날로그 신호에 적용된 통신 방식이 아니라 0과 1로 전환·기록해서 전달하는 통신 방식을 사용함으로써, 말 그대로 모든 정보의 이동이 가능해진 시대가 열린 것이다.

개인이 쓰는 이동전화 자체는 크게 보아 언택트 기술 발전의 결과물이다. 전화가 등장하기 전으로 거슬러 올라가는 것은 너무 과하고, 유선전화 시대에 무선전화가 도입된 풍경을 한번 떠올려보자. 가족이 쓰는 집 단위의 전화나 불특정 다수가 쓰는 공중전화라는 고정처소의 통신기기로만 통화하던 것에 비해 어디서든 개인 단말기로 혼자 통화할 수 있게 된 것은 획기적인 변화였다. 4장에서 다뤘듯 근대가 요청한 근대인이 개인이라고 할 때, 이 개인에게 적합한 통신수단이 휴대전화를 통해 비로소 등장했다고 말할 수 있다. 잠깐 쓰이다 만 이동통신 용어인 PCS personal communication services (개인휴대통신)의 'personal'은 우리말로 적절하게 '개인'으로 번역되었다.

개인 단위 이동전화의 등장은 휴대전화 너머 '저쪽'과의 소통가능성을 확대·강화한 반면, 그와 비례하여 '이쪽'의 소통가능성을 위축시켰다. 비대면 기술은 저쪽과의 소통을 확대·강화하는 데 기여했지만, 그 본질적인 부작용으로 이쪽의 물리적인 언택트 확대가 발생한 것이다. 이렇듯 비대면 기술을 이용한 비대면 소통의 확대가 현존하는 대면 소통의 위축과 병행하여 나타났다고 할 때 이동전화, 혹은 전화 자체가 언택트 기술사의 중요한 한 장을 기록한다고 보아도 무방하겠다. 코로나 시대 이후에 작성될 다음 장은 어떤 내용으로 채워질 것인가.

언택트라는 콘택트

다니엘 앨트먼Daniel Altman의 《커넥티드Connected》(2007)는 세계경제가 얼마나 긴밀하게 연결됐는지를 현장감 있게 분석한 책이다. 코로나19로 매우 예외적인 사태가 빚어졌지만, 2020년을 기준으로 봤을 때 '커넥티드', 즉 연결의 인프라는 책 발간 시점과만 비교해도 훨씬 더 강해지고 확충됐을 것이라고 추정할 수 있다. 코로나바이러스가 처음 우리를 방문했을 무렵은 세계가 하나의 유기체인 양 연결되어 점점 더 긴밀해지던 시점이었다. 즉 이미 연결 자체보다는 얼마나 빨리 연결되느냐로 논점이 이동한 때였다.

지구촌 경제 또는 사회의 글로벌한 연결은, 운송 및 전달의 빠른 속도와 방대한 양을 기반으로 한다. 코로나19의 전 세계적 유행을 통해 우리는 사람과 물건 그리고 정보가 신속하고 방대하게 연결된 세계, 즉 '커넥티드'한 세계를 다시금 확인하고 있다. 영화 〈컨테이전〉(2011)에서 묘사한 것과 같은 아시아·북미·남미·유럽 등 세계 전역의 거의 동시적인 팬데믹은 세계를 일일생활권으로 묶은 항공운송이 있어 가능했다. 영화가 끝나면서 판명되는 영화 속 팬데믹의 최초 전파자는 홍콩인 요리사인데, 그와 악수한 미국인 베스(귀네스 팰트로)가 비행기편으로 귀국하면서 미국과 홍콩에서 동시에 감염증이 발발하여 곧바로 팬데믹이 된다는 것이 〈컨테이전〉의 간단한 줄거리다.

당연히 코로나19의 세계적 확산에도 그런 전개 과정이 있었을 것이다. 게다가 인터넷과 SNS를 통한 세계의 실시간 연결은 코로나19 공포의 세계적인 초연결과 초확산을 낳았고, 심리적이고 물리적인 연결이 중첩되면서 세계는 2차 세계대전 이후 최악으로 평가되는 글로벌 위기에 진입했다. 이에 각국은 코로나19의 자국 내 확산을 막기 위해, 경기 침체를 감수하면서까지 '커넥티드'를 끊어냈다. 간단히 말해 '언택트' 정책을 폈다. 배경은 다르지만 8장에서 이야기한 '역逆세계화'와 의미상 연결되는 정책이다.

'언택트'라는 단어는 접촉·연결을 뜻하는 '콘택트contact'에 부정·반대를 뜻하는 접두어 'un'을 붙인 말이다. 코로나19 사태 이후 언택트는 시대의 키워드로 부상했다. 코로나19 팬데믹에 대한 대응이 세계의 초연결을 끊기 위한 '언택트'인데, 이 '언택트'는 가능한 한 사람과 사람 사이의 물리적 연결 및 접촉을 (군사용어로는) 외과 수술하듯 차단하고자 노력한다. 그러나 사람이 아닌 물건(상품)·돈·정보의 빠른 연결과 원활한 흐름은 종전대로 유지될 수 있도록 세계 각국이 애를 쓰고 있다. 즉 여기서 언택트란 모든 것의 언택트가 아니라 사람을 특정한 언택트이며, 그것도 물리적인 인간만을 겨냥할 뿐 인격과 권리 주체로서 인간에 대해서는 연결이 이어지도록 노력한다. 예를 들어 싱가포르 대법원이 마약 범죄에 관련된 말레이시아인 푸니탄 제나산Punithan Genasan에게 2020년 5월 15일 화상회의 서비스 '줌'을 통해 사형선고를 내린 것은 물리적 실체로서 인간보다는 인격의 주체로서 인간을 '존중'한, 코로나 시대를 통해 등장한 특이 사례다. 원격 재판을 통해 사형을 선고한 싱가포르의 첫 번째 사례인데, 전 세계에서도 첫 번째인지는 확인되지 않는다.

물론 물리적 인간만을 겨냥한 '구분 언택트' 전략이 잘 먹히진 않았다. '커넥티드'는 단지 지구를 하나로 만드는 지역적인 연결만을 뜻하지 않고, 인간과 세계의 연결까지 포함하기 때문이다. '커넥티드'된 한 영역만 '언택트'하고 나머지는 '커넥티드'된 채로 둔다는 것은 불가능한 일이다. 아직은 거의 모든 곳에서 사람이 발견된다. 결국 사람의 언택트는 세계의 언택트로 이어졌다.

이런 연유로 영국 정부는 애초에 세계의 언택트로 이어질 사람의 언택트에 부정적이었다. 이미 살펴본 영국의 집단면역 구상이 그랬다. '언택트'를 시행하기보다는 '커넥티드'를 어떻게든 유지하면서 미세 조정하겠다는 발상이었다. 인간에게 소중한 생명·인권·가치 등의 개념어를 사전에서 지워버리고 생각한다면, 세계의 모든 정부가 영국 정부처럼 판단했어야 한다. 그러나 사실상 거의 모든 정부가, 합당하게도 언택트의 길을 택했다.

여기서 확인하고 넘어가야 할 것이 있다. 여러 맥락에서, 또 조금 다양한 의미로 사용되어 혼란을 야기한 언택트란 단어는 단순히 기술 자체나 기술 동향을 가리키는 데 그치지 않으며 문화적이고 사회적인 거대 트렌드를 지칭한다는 점이다. 물건(상품)·돈·정보의 '콘택트'가 인간의 '언택트'를 가능케 하는 전제다. 단언컨대 만일 물건(상품)·돈·정보의 '콘택트'가 유실되면 인간의 '언택트'는 성립할 수 없다. 인간과, 인간이 만든 모든 것은 상호 의존한다. (인간 아닌 다른 주체가 도래하기 전까지는) '콘택트'든 '언택트'든 그 주체가 모두 인간이라는 점을 간과해서는 안 된다.

타인이 지옥이 되기 전의 '언택트'는 지금과 같은 포괄적 의미의 '언택트'라기보다는 '콘택트'의 다른 표현, 또는 사람이 개입한 '콘택트'를 사람의 물리적 개입이 배제된 '콘택트'

로 변경하는 것이라 할 수 있었다. 그러므로 흔히 '비대면'으로 번역된 이 새로운 경제 현상은 코로나19 사태 전에는 일종의 혁신 또는 발전으로 간주됐다. 언택트 소비는 GS25의 예에서 보았듯 소비자가 판매자를 만나지 않아도 되는 소비를 말했다. 코로나19 사태가 일어나기 전부터 모색된 미래 발전 경로였다. 물론 그것이 실제로 발전을 의미할지 아직은 지켜봐야 하지만 혁신임은 분명했다. 그러나 코로나19 팬데믹 발발 이후 우리에게 주어지고 있는 언택트는 혁신 차원을 넘어 '패러다임 전환paradigm shift'을 강력하게 지칭하는 듯하다.

상상할 수 있는 언택트의 예에서 볼 수 있듯이 언택트는 콘택트와 본질이 같다. 'untact'의 'un'을 행위 개념까지 담은 적극적인 의미로 해석한다 해도, 무엇을 없애려면 먼저 무엇이 존재해야 하는 것이 논리에 맞다. 없는 것을 없앨 수는 없지 않은가.

언택트는 러다이트 운동처럼 파괴를 통한 과거로의 회귀를 뜻하지 않는다. 오히려 합리성과 효율성을 추구하는 미래 지향의 발전 전략이다. 인간끼리의 물리적 연결을 줄임으로써 인간끼리의 비非연결이 늘어난 것보다 더 많은 비非인간적 연결을 만들어내려는 구상이 언택트다. 그 핵심은 인간을 배제하는 것이 아니라 어떤 최악의 상황에서도 인간의 연결을 가능케 하는 것이다.

'un'이 'con'을 위한 수단에 불과하다는 판단은, 확실히 인간적인 위로를 주지만 더불어 불길한 한계를 부여하는 듯하다. 2020년 7월 25일 일본 화물선 와카시오Wakashio호가 인도양의 섬나라 모리셔스 연안에서 암초에 부딪혀 좌초하여 해안에 1,000톤이 넘는 기름을 유출하는 대형 해양오염 사고를 일으켰다. 암초에 부딪히게 된 원인이 와이파이에 접속하려고 배를 육지에 근접하여 운항했기 때문인 것으로 전해지자, '모리셔스 바닷가에 대형 참사를 일으킨 원인이 고작 와이파이라니' 하는 반응이 이어졌다. 그런데 관점을 달리하여 인터넷이나 와이파이가 '줌'과 같은 언택트 기술을 작동시키기 위한 현대 문명의 기반 인프라임을 상기해보자. 일단 와카시오호의 잘못과 책임을 논외로 한다면, 여기서 '고작 와이파이'라는 반응 대신 현존 인류의 특질과 한계, 그리고 미래를 생각하며 '아, 와이파이!'라는 복잡한 심경의 탄식을 내뱉을 수도 있지 않을까. 모리셔스 해양 사고의 배후에서 'un'을 'con'을 위한 수단으로 사용하려는 열망과 규칙 위반 및 부주의의 결합이 발견된다고 할 때, '언택트'의 '패러다임 전환'을 고민하는 사람이라면 이 장면을 한 번쯤 의미심장하게 떠올려봄 직하다.

결국 언택트는 기술이나 솔루션, 그리고 메가트렌드로도 수용돼야 하겠지만, 재삼 강조하자면 언택트는 콘택트의 반의어가 아니라 차라리 유의어에 가깝다는 사실을 기억해야 한다. '언택트un-tact'의 정확한 표기가 '코언택트co-untact'라고 한다면 우리는 다시금 근대인의 숙명으로 되돌아가게 되는 셈이다.

포스트 코로나 시대, 인류는 무엇을 희망해야 하는가

코로나19가 아직 중국에만 퍼져 있을 때였다. 2020년 2월 즈음 어느 프랑스 언론에서 코로나19에 "시진핑의 체르노빌"이라는 이름을 붙였다. 코로나19가 중국 체제의 취약함을 보여주는 동시에, 체르노빌이 소련에 그랬듯 중국 공산당의 명예를 실추시킬 것이란 지적이었다. 사태는 다르게 전개됐다. 중국이 상대적으로 멀쩡한 반면 미국이 코로나19에 가장 많은 희생자를 냈고, 유럽 또한 코로나19로 휘청거렸다.

위기에 취약한 신자유주의 정부

거칠게 분석해 신자유주의가 번성한 지난 40년 동안 서구 국가는 시장국가로 전환했으며 국가의 자체 역량이라는 것이 많이 남아 있지 않아 민간 기업에 힘을 빌려야 할 처지가 됐다. 그러나 주주가치 극대화에만 신경 쓰는 민간 기업은 이러한 국가적 재난이나 공공 사태에는 익숙지 않을뿐더러 별다른 책임감을 느끼지 못했다.

부국이었음에도 서구 각국은 적정한 마스크 재고도 없는 채로 취약계층 보호와 기업 지원을 약속하며 위기 대처에 나섰지만 지난 40년 동안에 만들어진 체질로는 이 약속을 실현하기 어려웠고 더디게 대처할 수밖에 없었다. 국가는 전에 경험해보지 못한 위기 앞에서, 기존 체제에 대한 관성적이고 계급적인 선호와 전염병으로 인한 국민의 고통 사이 갈등을 겪어내며 어렵사리 상황을 타개해나갔다.

신자유주의를 둘러싼 대표적인 오해 중 하나는 이것이 경제이념에 국한한다는 것이다. 신자유주의는 이러한 오해를 의도적으로 확산하면서 실제로는 경제뿐 아니라 사회도 장악한다. 코로나 시대의 세계를 논의하는 이 시점에서 해묵은 신자유주의 논쟁으로 복귀해야 하는 이유는 신자유주의 시장이 신자유주의 정치와 밀접하게 연계되어, 코로나19 사태와 같이 극단적으로 예외적인 사건을 다루는 데에도 주도적으로 관여하기 때문이다.

코로나19 사태 초기 영국 정부는 의사결정 과정에서 주권자인 국민의 고통보다는 비용/편익 분석에 좌우되는, 값을 따질 뿐 가치를 따지지 않는 오랜 관성을 따르려 했다. 100년 내의 가장 큰 재앙 앞에서 국민은 정부가 국민의 직접적 이익을 우선 고려하도록 요청했고, 영국 정부는 원하든 원하지 않든 일단 그런 쪽으로 방향을 선회했다. 요약하면 코로나19 자체는 시장 실패에서 (직접) 기인하지 않았지만, 피해의 확대는 분명 누적된 시장주의의 결과로부터 큰 영향을 받았는데도 코로나19 대응 초기 영국 정부는 익숙한 시장주의에서 해법을 찾으려고 했다.

많은 사람이 시장을 두려워하고 또 우려하지만, 현시점에서 시장 없는 사회를 즉각 실현하기가 불가능하기에 시장 실패의 사회적 결과에 적극적으로 대처하는 일이 원래 국가의 본질적 기능이라는 사실을 집단적 망각에서 꺼내와야 한다. 지금 국가는 명목상일지라도 자본국이 아니라 공화국이기에 자본의 이익이 아니라 국민 다수의 이익에 복무하는 건전한 시장을 필요로 한다. 시장을 두고 '사탄의 맷돌'(칼 폴라니Karl Polanyi)이란 표현이 성립하는 이유는, 맷돌에 문제가 있어서가 아니라 맷돌이 '사탄'의 손아귀에 들어갔기 때문이다. 우리는 '사탄의 맷돌'이 씽씽 돌고 있는 국가들이 코로나19 국면에서 얼마나 무력했는지 목격했다. '사탄의 맷돌'을 대신할 건전하고 효율적인 시장은 분명 어렵지만 얼마든지 가능하다. 포스트 코로나 시대에 그것은 확실히 선진국의 핵심 징표가 될 것이다.

여전한 국민국가 모델

코로나19는 끔찍한 전 지구적 재앙이지만 현재 추세로 보아 스페인 독감과 비교할 때 인명피해 규모가 더 작을 것으로 예측된다. 반면 불안과 동요, 국가 및 지구촌 차원의 파장은 코로나19에서 훨씬 더 심각하다. 세계가 한 세기 만에 100년 전에는 결코 상상할 수 없던 고도연결 상태에 도달했기 때문이다. 개별 국가 내의 연결 또한 매우 긴밀해졌다.

지구촌의 고도연결은 코로나19 사태에 올림픽 같은 특성을 부여한다. 세계지도 형태로 보여준 미국 존스홉킨스대학 CSSE의 코로나19 통계를 비롯하여 다양한 방식으로 세계 및 국가별 코로나19 확진자·사망자 통계가 거의 실시간으로 공지된다. 코로나19 통계는 국가별 통계여서 종목이 단순할 뿐 올림픽 메달 집계와 다를 바가 없다. 물론 올림픽과 반대로 숫자가 작을수록 잘하고 있다는 뜻이다.

이러한 중계가 코로나19에 대한 경각심을 일깨우는 데에는 어느 정도 도움이 됐다. 개인적으로는 생명에 관한 것을 수치화하는 방식과 그 결과를 통해 자연스럽게 '코로나 올림픽'이 열린 풍경에 거부감이 들었지만, 이 수치가 국가별 방역 경쟁력을 변별하는 핵심 지표로 기능하였음을 부인할 수 없다. 더불어 세계적 위기를 맞아 사람들은 국가란 무엇이며, 또 좋은 국가란 무엇인지를 묻기 시작했다.

흑사병이 창궐한 시대와 달리 현재의 인류는 많은 전염병의 유래 혹은 바이러스의 원래 숙주를 알고 있다. 코로나바이러스에 대해서도 이것이 정이십면체이고, 코로나 같은 왕관을 주변에 두르고 있다는 구체적 모양까지, 마치 옆집 아저씨 체형을 파악하듯 알고 있다. 하지만 세계화·도시화·시장화 등 현대사회의 특성은, 축적된 지식으로 확보한 바이러스에 대한 인간의 우위를 상쇄해버리곤 한다.

상쇄에도 불구하고 인간의 우위가 전혀 없다고 할 수는 없는데 이러한 바이러스에 대한 인간'종'의 우위보다는 병의 통계를 통한 '국가' 간 우열이 두드러지는 게 흑사병과 천연두, 근대의 스페인 독감과 비교한 코로나 시대의 특징 중 하나로 기록될 법하다. 그 기록은 올림픽과 유사한 모습으로 전해질 가능성이 크다.

세계화가 진전될수록 전염병이든 무엇이든 위기가 일어났을 때 점점 지구의 더 넓은 범위에 걸쳐진다는 것이 상식이지만, 위기가 심각할수록 위기에 대처할 국민국가의 역량이 중요하다는 사실은 평소에 종종 잊힌다. 언제 가능할지 모르겠지만 (개인적으론 외계인의 지구 침공 이후로 본다) 명실상부한 세계정부가 출범하기 전까지, 세계적 규모의 위기와 국민국가 단위의 대처 사이의 상충은 해소되지 않는다. 이 상충에서 국민국가를 보전하고 국가 내 국민의 안전을 지킬 책임은 고리짝 유물 같은 국민국가에서 발견된다. 근대의 초입처럼 국가가 중요해진다. 다만 그 국민국가는 지금까지와는 다른 모습이어야 한다.

포스트 코로나 시대 공화국의 재구조화

공화국이 민주주의가 작동하는 명실상부한 공화국으로 계속 유지되려면 끊임없는 경신이 필요하다. 나는 공화국Republic이 재구조화Re-public를 통해 한 단계 진화한 더 나은 공화국RePublic, Republic'으로 이행한다고 믿는다. '공화국Republic → 재구조화Re-public → 더 나은 공화국RePublic, Republic''의 핵심은 '공화국'이고 '재구조화'의 핵심은 '공중public'이다. 민주주의 유보에 대한 예민한 지각, 민주주의 유보 속의 민주주의 실천 고민, 민주주의 유보 연장 세력에 맞선 비타협적이고 단호한 투쟁이 공중에 의한 공화국의 경신 과정이다. 공중의 능동적이고 적극적인 관여 없이 '공화국Republic → 더 나은 공화국RePublic, Republic''의 진화경로는 드물고, 실현되었다 하여도 아마 지속가능하지 못할 것이다. 헌법에 공화국을 명기한 거의 모든 국가가 '자본국'으로 변질한 데는 공중의 무관여, 혹은 의도적이고 조직적인 공중의 배제 등 사회과학에서 흔히 쓰는 말로 탈구脫臼에서 원인을 찾을 수 있다.

코로나19 사태로 본래의 힘을 되찾은 국가를 존재의 의의대로 인민의 국가로 유지하려면, 언제든지 왕좌로 복귀할 태세를 갖춘 자본을 효과적으로 저지하며 인민 혹은 공중이 나서서 국가를 재구조화해야 한다. 코로나19와 같은 위기 상황에서 만일 누군가 죽고 누군가 살아야 한다면 그 결정이 빈부격차에 따라 내려질 것이 아니라 민주주의 과정에 의해 내려져야 하는 것이 상식이다. 코로나19 이후에, 누가 살고 누가 죽어야 하는지에 관한 의사결정 구조를 근본적으로 바꾸지 않는다면 다음 100년은 가난하고 힘없는 사람들의 조용한 무덤으로 기록될 것이다. 100년 뒤 대역병이 다시 온다면 현재보다 더 취약해진 하위계층이 더 큰 고통에 직면할 것이다. 다시 한번 '공화국Republic → 재구조화Re-public → 더 나은 공화국RePublic, Republic''의 모델을 살펴보며 핵심으로서 '재구조화'에 주목할 수밖에 없다. '재구조화'를 통해 기존의 결정에 의문을 제기하고 새로운 결정에 능동적으로 참여하여 공공성·공정성·투명성 등의 가치가 추상이 아니라 구체로서 실현될 수 있도록 말하고 말하고 또 말해야 한다.

'재구조화'에 있어서 국가의 온당한 역할을 격려하고 지지해야 하지만, 동시에 관료적 습속과 학습효과에 의거해 감시국가로 치달으려는 국가의 욕망을 효과적으로 저지해야 한다는 점을 강조하고 싶다. 국가는 자본에 대해서 국민을 지키는 경비견이 돼야 하지만, 누가 주인인지 끊임없이 일깨워주지 않는다면 자칫 국민에게 이빨을 드러내는 위태로운 상황이 빚어질 수 있기 때문이다.

사회주의의 영감

코로나19 국면 초기 영국 정부의 기본 인식은, 코로나바이러스의 확산이 2020년 내내 혹은 그 이상 지속될 것이는 전망 아래 중국과 달리 영국과 같은 국가가 몇 주 이상 지속되는 격리 조치를 버텨내기란 대단히 어려우며 나아가 간헐적으로 격리를 반복하며 장기간에 걸쳐 이 상태를 견디기는 불가능하다는 것이었다. 영국 정부는 BIT Behavioural Insights Team의 '사회적 피로'라는 개념에 주목했다. BIT는 2014년에 당시 데이비드 캐머런 David Cameron 영국 총리가 국가 주요 정책에 행동경제학을 반영하려고 설립한 내각사무처 직속 연구기관이다. 행동경제학의 대표적 용어 '넛지'를 따서 흔히 '넛지 유닛 Nudge unit'이라고 불린다.

개인과 개인의 선호를 사유의 중심에 놓는 행동경제학의 관점에서 보면 '사회적 피로' 때문에 '사회적 거리두기'는 실패할 가능성이 크다. 엄격한 격리 조치는 경제적 관점에서 미숙한 정책이며, 더구나 사회적 관점에서는 장기적 지속이 불가능하다. 개방도가 매우 높은 영국에서 팬데믹 저지란 불가능하다는 것이 사전 결론이었다.

보리스 존슨 영국 총리의 코로나19 초기 대응은 대비된 것이었다고 할 수 있다. 대응 원칙은 영국 보건정책의 우경화를 반영하며 결과적으로 극단적인 개인주의를 표방하게 된다. 미국의 사정도 비슷하다. 이러한 견해는 분명 소위 과학적인 측면에서는 합리성을 갖는다. 문제는 개인의 관점에서만 사태를 파악하고 경제적으로 환산된 수치로 효과와 비용을 산정하려 든다는 점이다. 즉 돈으로 계산·거래할 수 없는 것이 존재하며 개인 외에 개인을 넘어서는 다양한 형태의 공동체가 존재하고 개인들이 그 공동체를 통해서 '개인적 선호'를 넘어서는 선택을 할 수 있음을 인정하지 않는다.

'국민의 고통'은 국가나 정부, 혹은 정치가 경감을 위해 최선을 다해야 하는 비계량적 목표이며 코로나19 같은 궤멸적 전염병이 배회하고 있을 땐 더 두드러진 목표가 되어야 한다는 데에 반대할 사람은 없을 것이다. 국민은 때로 시장에서 표류하는 개인이지만 공동체 안에서 존중받고 보호받아야 하는 개인 이상의 존재이기도 하다.

버락 오바마 전 미국 대통령이 2020년 트럼프의 코로나19 대처를 "완전한 혼돈의 재앙absolute chaotic disaster"이라고 강도 높게 비판한 것은 당연했다. 오바마는 코로나19와 관련해 "최고의 정부가 대응해도 (결과가) 나쁠 수 있다"면서도 "'내게 무슨 이익이 되는지'와 '다른 사람에겐 관심이 없다'는 사고방식이 우리 정부에 작용하면서 '완전한 혼돈의 재앙'이 빚어졌다"고 지적했다.

코로나19 국면에서 한국은 'K-방역'으로 세계인의 부러움을 사며 이른바 국격을 높였는데, 'K-방역'과 관련하여 한국의 마스크를 빼놓을 수 없다. 이른바 '마스크 배급제'에 대해서 '문재인표 사회주의' '사회주의 배급체제'라는 비난이 나왔다는 사실에서 오히려 '마스크 배급제'의 반대자들이 당시 무심결에 내뱉은 사회주의라는 단어 자체에 유의할 필요가 있다.

찬찬히 들여다보면 사회주의의 상상력은 시장자본주의를 보완하고 건강하게 이끌어가는 데 도움을 준다. 시장은 항상 편파적이고 언제나 비대칭이기에 자주 고장을 일으킨다. 시장이 '사탄의 맷돌'까지는 아닐지 모르지만, '치명적인 불평등'을 강요하고 고착화하려 드는 것은 진실이기에 건전한 세상을 위해선 '치명적인 불평등'의 요소를 끊임없이 제거하면서 시장을 작동시켜야 한다. 시장주의자들이 떠받드는 것과 같은 신성神聖한 시장은 없고 현실의 시장은 모두 문제적 시장일 뿐이다.

'자본전체주의'가 통제하는 그런 시장 말고 사회주의 이념이 접목된 시장이 다중의 시장이 되어야 한다. 사적 소유와 사회적 생산을 조화하는 시장 설계는 마음만 먹으면 언제나 가능하다. 더 나은 국가, 선진사회의 조건에 '치명적인 불평등' 제거가 포함되어야 한다는 데에 토를 달 사람은 없다. '치명적인 불평등'이 없는 건전한 시장자본주의를 발전시키기 위해서라도 더 많은 사회주의가 필요하다. 우리가 원하는 국민국가는 인류 공통의 가치에 근거하여 말 그대로 국민 전체의 행복을 추구하는, 더 나은 국가 혹은 선진국이지 꼭 특정한 이념형에 포획된 국가일 필요는 없다.

선진국 콤플렉스 넘어서기

한국은, 내부에 일부 이견이 있지만 국내외에서 성공한 방역 사례로 지속해서 거론되는 몇 안 되는 국가 중 하나다. 그러나 코로나19 사태 초기엔 국내 '묻지 마' 반대 세력뿐 아니라, 뿌리 깊은 오리엔탈리즘으로 무장한 서구의 소위 전문가들이 한국에 한 수 가르쳐주겠다며 더러 교만한 자세를 취하곤 했다.

예를 들어 프랑스의 정부 과학자문위원인 감염병 학자 드니 말비Denis Malvy 박사가 2020년 3월에 "한국의 시스템은 극단적으로 사생활 침해적이다. 유럽 차원에서 이 방식을 허용할 수 있을지 모르겠다"고 비아냥거린 것과 같은 유형이다. 하지만 코로나19가 프랑스에 거세게 확산되면서 프랑스는 말비 박사가 비난한 것과 같은 내용 또는 그보다 더 극단적인 조치를 대거 쏟아냈다. 예를 들어 전국에 걸쳐 필수적 사유를 제외하고는 이동과 여행을 전면 금지한 프랑스 정부의 조치는 한국에서 시행되지 않았다. 프랑스가 전격 취소한 지방선거 결선투표와 첫 '코로나 선거'로 기록된 한국의 4·15 총선의 대비는 여전히 한국을 한 수 아래로 보는 프랑스 엘리트들을 아마도 많이 불편하게 만들었을 것이다.

한국인은 코로나19로 고통받는 와중에 'K-방역'에 대한 외국의 좋은 평가로 약간의 위로를 얻었음 직하다. 근대 이후 자력으로 발전하고 성장하는 길을 저지당한 채 일본의 식민 통치를 겪고 미국이란 초강대국의 후견 아래 외부에서 제시된 발전경로로 근대화를 이행한 한국인이 미국을 비롯한 서구에 열등감을 지닌 것은 제3세계 여느 국민과 마찬가지였다. 그럼에도 한국은 모르는 사이에 선진국이라고 불러도 될 만큼 발전했으며 코로나19 사태의 와중에서 뜻밖에도 한국의 발전상과 높아진 위상을 확인했다.

한국인은 코로나19 파동을 겪으면서 자기 나라가 선진국에 속한다는 사실을 마침내 자각하게 되었다고 하겠다. 동시에 자신들에게 더 큰 발전을 가능케 할 여러 계기가 주어져 있음을 발견했다. 미국 등 서구에 대한 열등감 극복, 철옹성 같은 시장주의에 일어난 균열, 스스로 보유한 능력에 대한 자각과 자부심 등 거론할 것이 적지 않다. 또한 불가피하게 도래할 '언택트' 시대에 대해 상대적으로 준비가 잘되어 있는 상황과 전향적인 사회심리 등은 확실히 한국의 강점이다.

4차 산업혁명과 함께 본격 검토해야 할 기본소득 구상이 변형된 형태이긴 하지만 갑자기 시행됐다는 사실 또한 흥미롭다. 세계 많은 국가에서 검토하거나 시행한 재난기본소득은 반反맬서스적 발상이었지만 상황이 워낙 급박한지라 맬서스주의자나 협의의 자유주의자들이 반대하기가 쉽지는 않았다. 한국에서도 국가와 지자체 차원에서 전격적으로 시행됐다. 이른바 '마스크 배급제', 재난기본소득 등이 의미를 갖는 까닭은, 한국이 자본주의 종주국보다 더 교조적인 시장주의에 사로잡혀 있었기 때문이다. 코로나19 사태는 전혀 예기치 않은 방식으로 이 난공불락의 성문을 열어버렸다.

우리가 모색하는 더 나은 국가상과 관련하여, 저명한 신자유주의 비판자인 경제학자 미셸 아글리에타Michel Aglietta가 제시한 위기 탈출 해법은 시의적절하다. 아글리에타가 말한 해법은, 코로나19 사태로 우연찮게 금융자본주의의 파멸적 힘에서 해방된 공공재의 관리를 경제정책의 최우선 과제로 삼아야 한다는 것이다. 국가의 진정한 부는 공적 자본, 다시 말해 한 나라가 갖춘 공유재산시스템이라는 그의 주장을 국가의 포스트 코로나 패러다임 구축에 관한 정곡을 찌르는 조언으로 받아들여야 하지 않을까.

You are a human

코로나 시대는 인류가 근대 이래 공통으로 처음 체험하는 전면적이고 총체적인 곤경이다. 근대로 발전하면서 쌓인 모든 모순이 백일하에 드러났고, 하던 대로는 미래가 없다는 통렬한 각성이 생겼지만 각성을 실현할 활로가 마땅치 않다는 것이 곤경의 핵심이다.

여기에다 그렇지 않아도 무섭게 달려오던 4차 산업혁명과 더불어 AI·포스트 휴머니즘이란 미증유의 패러다임이 코로나19라는 촉매를 거치면서 접근 속도를 급격히 높이고 있다. 기후 위기와도 맞물린 이 새로운 시대가, 별 관심 없는 사람에게는 쿠팡, 넷플릭스, 줌 같은 몇 개의 단어로 요약되고 말 수 있겠다. 반면 다가오는 노도怒濤를 예민하게 지각하는 사람은 비유컨대 영화 〈매트릭스The Matrix〉 속 인물처럼 처음으로 '매트릭스'를 목도한 심정을 방불케 할 무엇인가를 느낄지도 모르겠다.

기존의 사회모순이 중첩되어 코로나19를 계기로 터져 나온 '코로나 디바이드'에다 기존 '디지털 디바이드'와 새로운 '언택트 디바이드' 등 각종 '디바이드'가 난무하는 가운데 '인식의 디바이드' 또한 완연하다. '인식의 디바이드'는 어느 시대에나 있었기에 특별한 현상으로 볼 수 없다는 견해가 가능하다. 그러나 4차 산업혁명에 따라 인류 진화의 최종 단계에 진입하는 결정적 국면에서 극대화한 '인식의 디바이드'는 인간이 다른 심각한 '디바이드'에 적절히 대처하는 데에 큰 지장을 준다. 어떻게 대처하든 모종의 결말을 보겠지만 지금 단계에서 유일하게 확실한 것은 우리가 전혀 새로운 세계로 걸어 들어가는 중이라는 사실이다. 사실인정事實認定, fact finding이 언제나 모든 일의 시작이다.

지금까지 이어온 여러 논의는 사실인정을 위한 기초작업에 불과하다. 그 위에 구축될 '포스트 코로나 세계'가 어떻게 시작하고 실제로 어떤 모습일지는 철저히 희망의 영역에 속한다. 사실 희망은 가장 강력한 실천이다. 여기서 희망과 실천, 혹은 희망의 실천을 논하면서 절대로 빠뜨리지 말아야 할 하나의 원칙을 확인해야 하는데, 그것을 영화 〈엣지 오브 투모로

우〈Edge of Tomorrow〉(2014)에서 빌려오고자 한다.

두 주인공 톰 크루즈Tom Cruise(빌 케이지 역)와 에밀리 블런트Emily Blunt(리타 브라타스키 역)의 영화 속 대화 한 대목은 사유와 연장을 근간으로 한 근대성의 확고한 분절을 함축한다. 크루즈가 "나는 군인이 아니야I am not a soldier"라고 말하자 블런트는 "맞아. 너는 무기야Of course you are not. You are a weapon"라고 대답하는 장면이다. 이 장면에서 파생할 포스트휴머니즘 등 적잖은 이야기는 묻어두고, 영화의 대화를 간단히 다음의 대화로 변용함으로써 앞서 말한 원칙을 확인하면서 또한 적절하게도 이 책을 마무리하고자 한다.

"나는 군인이 아냐I am not a soldier."
"맞아. 너는 인간이야Of course you are not. You are a human."

참고문헌

가브리엘 가르시아 마르케스, 《콜레라 시대의 사랑2》, 송병선 역, 민음사, 2004.

김성호, 《디트리히 본회퍼의 타자를 위한 교회》, 동연, 2018.

나스미디어, 〈2020 인터넷 이용자 조사 NPR〉, 2020. 4. 6.

다니엘 앨트먼, 《커넥티드》, 노혜숙 역, 해냄, 2007.

단테 알리기에리, 《신곡》, 윌리엄 블레이크 그림, 박상진 역, 민음사, 2013.

데이비드 월러스 웰즈, 《2050 거주불능 지구》, 추수밭, 2020.

〈로동신문〉, 인민보건법 발표 40돌 기념 논설, 2020. 4. 3.

르네 지라르, 《희생양》, 김진식 역, 민음사, 2007.

마거릿 미첼, 《바람과 함께 사라지다》, 안정효 역, 열린책들, 2010.

마르틴 루터, WA 5, 334f.: 1527년 여름 흑사병이 비텐베르크를 강타했을 때, 최주훈(중앙루터교회 담임목사) 역, 페이스북.

버지니아 울프, 《자기만의 방》, 이미애 역, 민음사, 2020.

샤를 드 몽테스키외, 《법의 정신》, 하재홍 역, 동서문화사, 2007.

〈시사IN〉, "[특집] 팬데믹 시대, 공적 제도 신뢰가 높아졌다", 2020. 10. 7.

안치용, 《바보야, 문제는 권력집단이야》, 한얼미디어, 2012.

안치용, 《선거파업》, 영림카디널, 2016.

안치용, 《예수가 완성한다》, 마인드큐브, 2020.

안치용, 《한국 자본권력의 불량한 역사》, 내일을여는책, 2017.

알베르 카뮈, 《페스트》, 유호식 역, 문학동네, 2015.

〈SBS뉴스〉, "[취재파일] 코로나19에서 회복한 58살 금순 씨의 이야기", 2020. 8. 16.

윌리엄 셰익스피어, 《로미오와 줄리엣》, 최종철 역, 민음사, 2008.

이언 매큐언, 《속죄》, 한정아 역, 문학동네, 2003.

재러드 다이아몬드, 《총, 균, 쇠》, 김진준 역, 문학사상사, 2013.

조반니 보카치오, 《데카메론》, 박상진 역, 민음사, 2012.

〈조선일보〉, "'노래방, 왜 코로나 위험시설?' 업주 문자… 정부 43일간 답변 핑퐁", 2020. 10. 21.

〈조선일보〉, "상대 감정 읽을 때 서양인은 입, 동양인은 눈을 본다", 2012. 4. 17.

존 스튜어트 밀, 《자유론》, 서병훈 역, 책세상, 2018.

〈중앙일보〉, "'이들에겐 9·11 테러급 쇼크' 코로나에 Z세대 목소리 낸다", 2020. 4. 10.

토마스 로버트 맬서스, 《인구론》, 이서행 역, 동서문화사, 2016.

프란츠 카프카, 《법 앞에서》, 전영애 역, 민음사, 2017.

한국리서치, 〈마스크 착용의 사회심리학: 사람들이 마스크를 착용하는 이유〉, 《여론 속의 여론》 제85-2호, 2020. 7. 8.

한국은행 조사국 고용분석팀, 〈코로나19에 대한 고용취약성 측정 및 평가〉, 《BOK 이슈노트》 제2020-9호, 2020. 8. 19.

환경부·기상청, 〈한국 기후변화 평가보고서 2020〉, 2020.

ABCNews. (2020). COVID-19 Reinforces an Economist's Warnings About Inequality, Apr 26.

CNBC. (2020). Uninsured Americans Could Be Facing Nearly $75,000 in Medical Bills If Hospitalized for Coronavirus, Apr 1.

Dowd, Jennifer Beam, Andriano, Liliana, Brazel, David M., Rotondi, Valentina, Block, Per, Ding, Xuejie, Liu, Yan & Mills, Melinda C. (2020). Democraphic science aids in understanding the spread and fatality rates of COVID-19, PNAS, May 5.

Gallup & West Health. (2020). Healthcare Costs Survey, Apr 28.

Jack, Rachael E., Garrod, Oliver G. B., Yu Hui, Caldara, Roberto, & Schyns, Philippe G. (2012). Facial Expressions of Emotion are Not Culturally Universal, PNAS, May 8.

Merriam-Webster's Collegiate Dictionary 11th Edition. (2020).

OCHA. (2020). COVID-19 Global Humanitarian Response Plan, May 7.

Rothkopf, David. (2003). When the Buzz Bites Back, The Washington Post, May 11.

The Economist, (2020). The COVID-19 Pandemic Will Be Over by the End of 2021, Say Bill Gates, Aug 18.

The New York Times. (2020). Trump Can Still Make a Difference on Masks, Sep 30.

The Washington Post. (2020). Gen Z was fed up with the status quo. Coronavirus could affirm their beliefs, Apr 8.

Time. (2020). Few Doctors, Fewer Ventilators: African Countries Fear They Are Defenseless Against Inevitable Spread of Coronavirus, Apr 7.